Entzückende Häkelmode für Kids

Entzückende Häkelmode für Kids

Kleidung, Spielzeug und Accessoires für Babys und Kleinkinder

Linda Permann

Bassermann Inspiration

Meinem Neffen Tegue gewidmet,

der mir vor Augen führt, was im Leben zählt. Es macht so viel Spaß, dich aufwachsen zu sehen. Ich hoffe, es bleibt uns immer Zeit zum Lachen und Spielen!

ISBN 978-3-8094-3158-9

1. Auflage

Die amerikanische Originalausgabe erschien erstmals 2011 unter dem Titel *Little Crochet* bei Potter Craft, einem Imprint der Crown Publishing Group, einem Verlag von Random House Inc., New York.

Die deutsche Übersetzung erscheint auf Basis einer Vereinbarung mit Potter Craft.

Design by woolypear
Fotos: Heather Weston
Illustrationen copyright © 2011 by woolypear
Häkelschriften: Karen Manthey

Projektleitung dieser Ausgabe: Dr. Iris Hahner
Umschlaggestaltung: Atelier Versen, Bad Aibling
Übersetzung: Lina Feske, Berlin
Redaktion und Producing: der springende Punkt, Berlin
Herstellung: Sonja Storz

Verlagsgruppe Random House FSC® N001967
Das für dieses Buch verwendete FSC®-zertifizierte Papier *Profimatt* liefert Sappi, Ehingen.

FSC www.fsc.org MIX Papier aus verantwortungsvollen Quellen FSC® C012536

Druck und Bindung: Druckerei Theiss, St. Stefan

Printed in Austria

INHALT

1 ANFANG GUT, ALLES GUT

2 FÜR BABYS

3 KINDER-KLEIDER

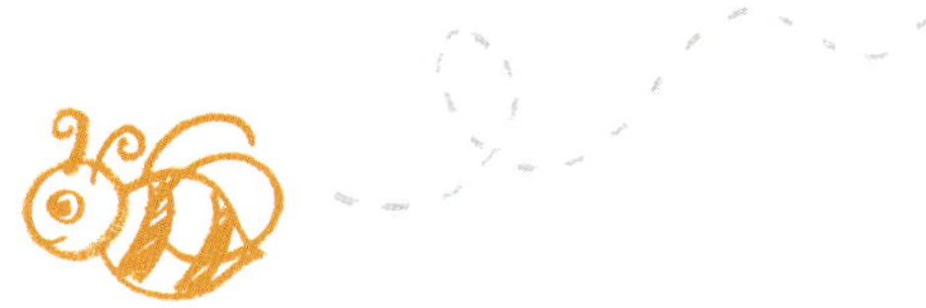

Einleitung

Eines meiner ersten selbst gemachten Geschenke in meinem Erwachsenenleben war eine Häkeldecke für das Baby meiner Freundin Petra. Ich hatte gerade die Uni abgeschlossen und jobbte in New York. Häkeln war noch Neuland für mich und ich brauchte mehrere Wochen für die Decke. Sie war aus Flauschgarn in Pastelltönen gearbeitet und bestand nur aus Stäbchen. Für die Babyparty packte ich meine Decke hübsch ein und machte mich von Queens auf den Weg zur Upper West Side in Manhattan. Die Party stellte sich als vornehme Angelegenheit heraus, vor allem für das einfache Mädchen aus Texas, das ich damals war. Als Petra die Geschenke auspackte, kamen eine silberne Rassel von Tiffany zutage, ein Babyspielset und – was mich am meisten beunruhigte – eine Babydecke vom Nobelkaufhaus Neiman Marcus. Meine Decke kam mir auf einmal ziemlich schäbig vor. Am liebsten hätte ich mich davongeschlichen, um Petra ein besseres Geschenk zu besorgen. Aber als sie mein Geschenk öffnete, ertönten viele Ahs und Ohs. Alle Geschenke waren toll, aber meines war mit Liebe gemacht und deshalb einzigartig!

In den vergangenen Jahren habe ich etliche Geschenke für etliche Babys und ihre großen Brüder und Schwestern gehäkelt. So richtig gepackt hat es mich aber erst, als meine Schwester ihr erstes Kind erwartete, einen kleinen Jungen, den sie Tegue nannte. Ich konnte es kaum abwarten, für ihn zu häkeln, aber es waren keine Modelle aufzutreiben, die mir gefielen. Ich arbeite gern mit vielen verschiedenen Farben, Materialien und Garnstärken und wollte definitiv weg von Standard-Pastelltönen und Acrylgarnen. Also war es an mir, neue Modelle zu entwickeln! Auf diese Weise entstand meine eigene Kollektion von Kleidungsstücken, Accessoires und Spielsachen für meinen Neffen. Und plötzlich wusste ich, wie der Inhalt meines zweiten Buches aussehen würde: *Entzückende Häkelmode für Kids* richtet sich an Menschen von heute und präsentiert tolle Modelle aus meiner Kleinkindkollektion.

Vielleicht haben Sie zu diesem Buch gegriffen, weil ein Neugeborenes in Ihr Leben getreten ist oder weil Sie für einen kleinen Fratz neue Ideen brauchen. Hier sind Sie richtig! Die Projekte in diesem Buch machen Spaß, ohne dabei sonderlich kompliziert zu sein. Es gibt verschiedene Schwierigkeitsgrade, von einfachen Projekten für Häkeleinsteiger (oder Last-Minute-Geschenken) bis zu anspruchsvolleren Modellen von bleibendem Wert.

Accessoires, Babyausstattung und Spielsachen für die Kleinsten finden Sie in Kapitel 2 (ab Seite 28). Das Kapitel 4 präsentiert kleine Geschenke (ab Seite 112). Diese beiden Kapitel enthalten farbenfrohe Projekte, die praktisch sind und Spaß machen, darunter einige tolle Geschenke in Einheitsgrößen für Kinder aller Altersstufen. Die Kleider in Kapitel 3 (ab Seite 58) sind zeitlose Lieblingsstücke für Mädchen und Jungen, die man immer wieder häkeln kann, während die Kinder langsam groß werden. Bei den meisten Anleitungen finden sich Größenangaben für Kinder von 4 Wochen bis 4 Jahren. In einigen Fällen lassen sich die Größen für ältere Kinder einfach anpassen, indem man dickeres Garn und eine stärkere Häkelnadel verwendet.

Ich hoffe, Sie nutzen dieses Buch auch, um mit Farben, Strukturen und neuen Techniken zu spielen. Ich habe aktuelle harmonische Farbtöne gewählt und das Buch mit Vorschlägen für alternative Farbzusammenstellungen und Streifenmuster gewürzt, um das Beste aus einem Modell herauszuholen. Bevor Sie aber zur Häkelnadel greifen, sollten Sie sich Kapitel 1 (ab Seite 14) vornehmen. Dort finden Sie wichtige Hinweise zur Auswahl von Nadeln und Garnen sowie Erläuterungen zu den Anleitungen und Häkelschriften. Der Anhang (ab Seite 146) enthält einen Auffrischungskurs zu den Grundmaschen und zu speziellen Häkeltechniken sowie nützliche Hinweise für die Fertigstellung eines Häkelstücks. Ideen für die Verzierung mit Stickereien, Applikationen etc. finden sich überall verstreut im Buch. Meiner Meinung nach können solche Verzierungen selbst aus der einfachsten Häkelarbeit etwas Besonderes machen, das mit Freude von Generation zu Generation weitergegeben wird.

Auf viele farbenfrohe Häkeljahre, die Ihr Leben und das Ihrer geliebten Kleinen versüßen!

Linda Permann

www.lindamade.com

P. S. Ich würde zu gern sehen, was Sie hergestellt haben. Laden Sie Ihre Häkelstücke unter dem Modellnamen auf www.ravelry.com hoch oder geben Sie mir Nachricht über www.lindamade.com.

1

anfang gut, alles gut

ZUBEHÖR

Mit dem richtigen Werkzeug wird das Häkeln zum Vergnügen! Häkeleinsteiger probieren am besten zuerst verschiedene Garn- und Nadelkombinationen aus. Mein Tipp: Suchen Sie nicht nur in Kaufhäusern nach Garnen, sondern stöbern Sie in den Spezialgeschäften für Handarbeiten und Wolle! Selbst gehäkelte Stücke werden mit Sicherheit von Kind zu Kind weitergegeben und über Jahre in Ehren gehalten, da lohnt sich die Investition in hochwertiges Material.

Häkelnadeln

Häkelnadeln gibt es in den verschiedensten Formen, Größen und Materialien. Sie können aus Aluminium, Stahl, Bambus, Hartholz, Glas oder sogar aus Tierknochen bestehen. Ich empfehle für Anfänger Aluminiumnadeln, aber selbst hierbei gibt es zwischen einzelnen Herstellern große Unterschiede. So kann z. B. die Form der Spitze oder die Griffbreite variieren. Probieren Sie verschiedene Marken aus und testen Sie, welche Nadel Ihnen liegt!

Häkelnadelgrößen werden in Millimeter angegeben. Im Allgemeinen setzen Sie eine Nadel mit kleinerer Nadelgröße ein, wenn Sie ein dünnes Garn verwenden, und greifen zur größeren Nadel bei dickem Garn. Falls Ihre Häkelnadel vom US-Markt stammt und die Größe in Buchstaben angegeben ist, finden Sie nebenstehend eine Tabelle mit entsprechenden Umrechnungsgrößen. Die Größen sind standardisiert, dennoch schadet es nicht, noch einmal nachzumessen, denn zwischen verschiedenen Marken mag es Diskrepanzen geben.

Den Nadeldurchmesser können Sie mithilfe einer Nadelschablone (Zusätzliche Hilfsmittel, Seite 20) überprüfen. Dafür den Schaft (das ist der flache Bereich zwischen Haken und Griff) in die Löcher der Schablone stecken, bis das passende Loch gefunden ist. Die Millimeterangabe ist über dem Loch abzulesen.

NADELGRÖSSEN

METR. GRÖSSE	US-GRÖSSE
2,25 mm	B-1
2,75 mm	C-2
3,25 mm	D-3
3,5 mm	E-4
3,75 mm	F-5
4 mm	G-6
4,5 mm	7
5 mm	H-8
5,5 mm	I-9

METR. GRÖSSE	US-GRÖSSE
6 mm	J-10
6,5 mm	K-10½
8 mm	L-11
9 mm	M/N-13
10 mm	N/P-15
15 mm	P/Q
16 mm	Q
19 mm	S

Garn

Heute gibt es Garne in einer berauschenden Vielfalt. Wenn Sie ein Wollgeschäft in Ihrer Nähe haben, dann nichts wie hin! In meinem Lieblingsgeschäft gibt es nicht nur Garne aus Wolle, Alpaka, Polyacryl und Baumwolle, sondern auch aus Kamel-, Bison- und Yakhaar, Milchfaser, Zuckerrohr, Bananenfaser und Bambus! Weil Häkelarbeiten für Kinder so schön klein sind, eignen sie sich gut, um neue Materialien, insbesondere Luxusgarne, auszuprobieren. Beim ersten Besuch im Wollladen werden Sie feststellen, dass viele Garne überaus günstig sind.

Bei der Garnwahl für Babys und Kleinkinder stehen Haltbarkeit und Pflegeleichtigkeit an oberster Stelle. Manche Eltern legen eventuell Wert auf beste Garnqualität, die dann nur Handwäsche verträgt. Die meisten haben aber sowieso mehr als genug zu tun, sobald das Baby da ist. Maschinenwaschbare (und trocknergeeignete) Garne erleichtern die Pflege handgemachter Babysachen. Und nur pflegeleichte Stücke werden auch oft getragen! Gut erhältliche pflegeleichte Garne sind Baumwolle, Wolle mit Superwash-Ausrüstung und Polyacrylgarne. Manchmal kann man das Symbol für Handwäsche auch ignorieren. Dann sollten Sie jedoch unbedingt eine Häkelprobe in der Maschine waschen, bevor Sie die vollständige Garnmenge anschaffen. Viele Biobaumwoll- und Synthetikgemische überstehen eine Wäsche im Schongang ohne Probleme. Ein reines Wollgarn sollte man dagegen nie in der Maschine waschen, es sei denn, die Banderole erlaubt dies ausdrücklich.

Für die meisten Projekte in diesem Buch wurden Naturfasergarne verwendet. Ich arbeite gerne mit Baumwolle und Wolle: Diese gibt es in tollen Farben, sie sind atmungsaktiv und weich und daher bestens für empfindliche Babyhaut geeignet. Sie können aber jederzeit andere Garne einsetzen.

Sockenwolle – eine alte Liebe!

Alle, die Sockenwolle mögen, aber keine Lust haben, Socken zu stricken, dürfen sich freuen: Sockenwolle ist perfekt geeignet für Kinderkleidung, denn sie ist robust und wäschebeständig. Die dünneren Sorten sind für Kinder wie gemacht und ergeben weit tragbarere Textilien als viele Flausch- und Standardgarne. Außerdem wird Sockenwolle in großen Knäueln angeboten – oft bis zu einer Lauflänge von 420 m. Das reicht für eine Babyweste (siehe Pullunder, Seite 76)! Sollten Sie der Ansicht sein, dass Sockenwolle besonders teuer ist, machen Sie eine Kostenkalkulation nach Preis und Lauflänge: Ein Knäuel Sockenwolle läuft manchmal so lang wie 2, 3 oder sogar 4 Knäuel eines anderen Garns!

Garne ersetzen

Die Modelle in diesem Buch sind mit meinen Garnfavoriten gehäkelt, aber es mag sein, dass Sie diese nicht auftreiben können. Das Angebot an Garnen und Farbtönen ändert sich laufend. Hinzu kommt, dass Ihnen vielleicht Farbe oder Preis nicht zusagt. Möglicherweise verträgt das Baby eine bestimmte Wolle nicht. Oder Sie möchten lieber ein hochwertigeres Garn verwenden. Das alles sind gute Gründe, mit anderen Garnen zu arbeiten.

Um Ihnen einen Austausch so leicht wie möglich zu machen, sind bei jedem Modell die Lauflänge und Faserzusammensetzung der Garne angegeben, daneben ein Symbol mit der Garnstärke (zur Erläuterung siehe Tabelle gegenüber). Die Ziffer gibt Ihnen einen Anhaltspunkt im Hinblick auf die Maschenprobe, also darauf, wie viele Maschen und Reihen mit festen Maschen gehäkelt werden *sollen*, um ein 10 x 10 cm großes Häkelstück herzustellen. Wählen Sie in jedem Fall ein Garn mit gleicher Materialzusammensetzung und Stärke wie das empfohlene, damit Sie die gleiche Maschenprobe erreichen (Maschenprobe, Seite 24).

GARNMENGE

Wenn Sie Garne austauschen, müssen Sie errechnen, wie viele Knäuel von dem neuen Garn benötigt werden. Dafür teilen Sie die für das Projekt angegebene gesamte Garnlänge durch die Lauflänge eines Knäuels Ihres Garns. Werden in der Anleitung z. B. 185 m Garnverbrauch angegeben und Ihr Garn wird in Knäueln von 85 m Lauflänge angeboten, sieht die Berechnung wie folgt aus:

$$\frac{\text{185 m Garnverbrauch}}{\text{85 m Lauflänge je Knäuel}} = \text{2,18 Knäuel}$$

Sie müssten also 3 Knäuel Ihres Wunschgarns kaufen. **Kaufen Sie immer ausreichend Garn.** Die meisten Geschäfte tauschen nicht angebrochene Mengen um. Und es ist wesentlich einfacher, ein zu viel gekauftes Knäuel zurückzugeben als ein fehlendes nachzukaufen. Zu oft stellt man dann nämlich fest, dass das Garn ausverkauft oder in der Farbe nicht mehr erhältlich ist.

TIPP Selten sind auf Garnbanderolen Maschenproben fürs Häkeln angegeben. Stattdessen kann man sich an den Maschenproben fürs Stricken orientieren. Suchen Sie in der Tabelle gegenüber die Garnstärke des Garns aus dem Buchprojekt heraus und vergleichen Sie die Maschenprobe fürs Stricken mit der, die auf dem Garn angegeben ist, das Sie im Austausch verwenden möchten.

GARNSTÄRKEN-SYMBOL MIT ZIFFER UND KATEGORIE	0 LACE	1 SUPER FINE	2 FINE	3 LIGHT	4 MEDIUM	5 BULKY	6 SUPER BULKY
GARNKATEGORIEN	Lacegarn	superfein	fein	Standard mittel	Standard dick	Schnell-strickwolle, sehr dick	Volumengarn, Effektgarn, superdick
MASCHENPROBE*, GLATT RECHTS GESTRICKT, 10 X 10 CM	33–40** M	27–32 M	23–26 M	21–24 M	16–20 M	12–15 M	6–11 M
MASCHENPROBE*, MIT FESTEN MASCHEN GEHÄKELT, 10 X 10 CM	32–42 Stäbchen**	21–32 M	16–20 M	12–17 M	11–14 M	8–11 M	5–9 M
EMPFOHLENE HÄKELNADEL IN MM	Stahl 1,4–1,6 mm	2,25–3,5 mm	3,5–4,5 mm	4,5–5,5 mm	5,5–6,5 mm	6,5–9 mm	9 mm und mehr
EMPFOHLENE HÄKELNADEL IN US-GRÖSSE	Stahl*** 6, 7, 8 Standard B-1	B-1 bis E-4	E-4 bis 7	7 bis I-9	I-9 bis K-10½	K-10½ bis M-13	M-13 und mehr

* NUR RICHTGRÖSSEN: Die Werte entsprechen den durchschnittlichen Maschenproben und Nadelstärken für die einzelnen Garnkategorien.

** Lacegarne werden üblicherweise mit größeren Nadeln verarbeitet, damit Spitzen- oder Lochmuster besser wirken. Entsprechend ist eine einheitliche Maschenprobe schwer zu bestimmen. Es wird empfohlen, sich stets nach der Maschenprobe in der Anleitung zu richten.

*** Stahlnadeln haben in den USA andere Größenbezeichnungen als Nadeln aus anderen Materialien: je größer die Zahl, desto kleiner die Nadel. Für Nadeln aus anderen Materialien gilt das Gegenteil.

Ökologische Garne

Inzwischen werden immer mehr ökologische oder Biogarne angeboten. Obwohl sie teurer sind, entscheiden sich viele Eltern für solche Garne, weil bei der Produktion weniger Chemikalien eingesetzt werden. Das ist gut für unsere Umwelt und das Baby! Ökogarne sind in einer breiten Farbpalette erhältlich und werden häufig mit ungiftigen, natürlichen Farbstoffen gefärbt.

Wenn es Ihr Budget zulässt, wählen Sie Ökogarne für Textilien, die mit der Babyhaut direkt in Berührung kommen wie Waschlappen, Decken und Windelhosen, oder anstelle von Baumwolle, einer Faser, die bekanntermaßen pestizidintensiv ist. Vergewissern Sie sich jedoch vor dem Kauf, was die Angaben auf der Garnbanderole genau bedeuten. Bezeichnungen wie Bio- oder Ökogarn sind nicht immer gleichzusetzen mit einem umweltfreundlichen Herstellungsverfahren. Viele Naturgarne aus Zuckerrohr und Bambus werden durch chemische Verfahren aufbereitet. Entnehmen Sie die genauen Informationen der Banderole und verlassen Sie sich nicht auf den Namen des Garns. Für Naturgarne aus kontrolliert biologischem Anbau und garantiert umweltfreundlicher Verarbeitung gibt es zertifizierte Ökosiegel.

Zusätzliche Hilfsmittel

Diese kleinen Helfer machen Ihre Häkelausrüstung komplett und das Häkeln kinderleicht!

Wollnadeln: Verwenden Sie stumpfe Nadeln mit großem Öhr, die Ihr Garn nicht aufspalten. Toll sind Nadeln mit gebogener Spitze: Nähte zu schließen oder Fadenenden einzuweben wird mit ihnen zum Kinderspiel.

Maschenmarkierer: Suchen Sie nach solchen, die Sie öffnen und inmitten der Arbeit versetzen können. Sicherheitsnadeln oder Garnreste tun es manchmal auch.

Nadelschablone: Dieses nützliche Lineal hilft beim Ausmessen der Maschenprobe und bei der Bestimmung der Nadelgröße.

T-Nadeln, Sprühflasche und Spannbrett: Zum Spannen Ihrer Arbeit benötigen Sie große rostfreie Nadeln (aus dem Bürobedarf), eine Sprühflasche mit Wasser und eine weiche Unterlage, auf der Sie Ihre Arbeit stecken und spannen können. Näheres zum Spannen auf Seite 153.

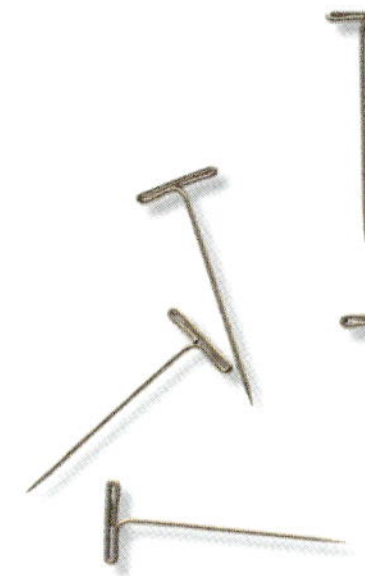

Schere: Mit einem Fadensnipper lassen sich Fadenenden leicht abschneiden. Er sollte stets griffbereit sein und nur für Garn verwendet werden, damit er scharf bleibt.

Knöpfe, Bänder und anderer Zierrat: Extras, die Ihre Arbeit zum echten Hingucker machen.

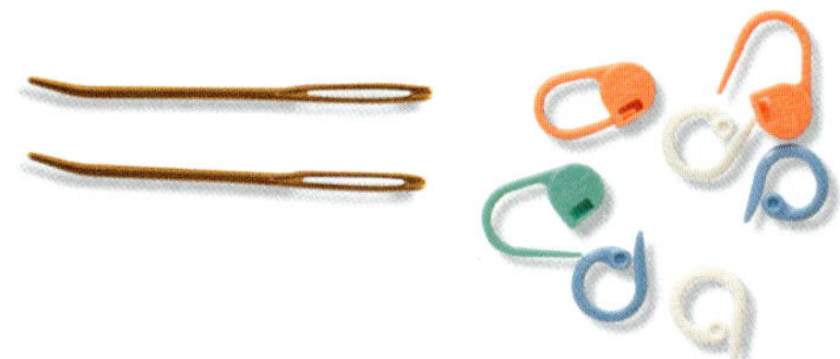

Knöpfe, Bänder und Pompons

Weil Kleinkinder alles in den Mund stecken, müssen Knöpfe, Bänder und Verzierungen fest an den gehäkelten Kleidungsstücken und Spielsachen angenäht werden. Als Faustregel gilt: Alle Gegenstände, die durch die Papprolle von Toilettenpapier passen, bergen für Kinder unter drei Jahren ein Erstickungsrisiko. Überpüfen Sie daher alle Kleidungsstücke nach dem Waschen auf lose Knöpfe und Bänder. Wenn Sie gehäkelte Geschenke verzieren, machen Sie die Eltern darauf aufmerksam, dass der feste Sitz regelmäßig überprüft werden muss. Die meisten Modelle in diesem Buch haben extra weite Halsausschnitte, die sich leicht über den Kopf ziehen lassen. Knopfblenden werden separat an die Kanten angehäkelt und können auch vollständig weggelassen werden, wenn Sie dies wünschen.

Häkelanleitungen verstehen

Beim Häkeln für Kinder muss man sich keine großen Gedanken über verschiedene Körperformen machen. Trotzdem sind Größe und Passform wichtig. Abweichungen von 5 oder 10 cm können einen Unterschied von mehreren Monaten in der Entwicklung der Kleinen ausmachen. Besondere Aufmerksamkeit gilt der Maschenprobe.

Häkelanfänger sollten sich von kryptisch erscheinenden Anleitungen nicht abschrecken lassen. Auf den folgenden Seiten finden Sie eine Liste der verwendeten Abkürzungen sowie Erläuterungen zu den Häkelschriften und Schnitten. Grundlagen und andere Häkeltechniken sind im Anhang ab Seite 146 erklärt.

Die richtige Größe für Ihr Kind

Die Anleitungen in diesem Buch sind nach bestimmten Altersgruppen gegliedert. In Wirklichkeit gibt es aber keine Standardgrößen für Babys und Kleinkinder. Deshalb sind zusätzlich für alle Einzelteile die endgültigen Maße angegeben. Bestimmen Sie die Standard-Altersgruppe anhand der tatsächlichen Maße des Kindes. Das heißt, wenn das Baby, für das Sie häkeln, bereits geboren ist, nehmen Sie die Maße am Babykörper und vergleichen sie mit den angegebenen Endgrößen des Kleidungsstücks. Die Maße, auf die es ankommt, wie Brustumfang und Gesamtlänge, sind zu Beginn jeder Anleitung angegeben. Andere Maße sollten Sie mit dem Schnitt abgleichen (siehe Seite 27). Die Abbildung rechts zeigt die maßgeblichen Stellen. Dabei sollte das fertige Kleidungsstück an der Brust des Kindes wenigstens 5–10 cm Spiel haben. Im Zweifelsfall können Sie fertige Kleidungsstücke, die dem Kind gut passen, ausmessen und sich an diesen Maßen orientieren. Wenn Sie nicht direkt am Kind Maß nehmen können, sollten Sie die Kleidergröße erfragen und Ihre Häkelarbeit daran ausrichten. Steht das Kind zwischen zwei Größen, immer die größere wählen!

Ist das Kind noch gar nicht geboren, sollte man sich überlegen, wie alt es sein wird, wenn die richtige Saison für das Kleidungsstück kommt. Wird das Baby im November erwartet und es soll einen warmen Wollpullover bekommen, sollte die Größe 0–6 Monate gut passen. Wird das Baby aber im April erwartet, hat es möglicherweise erst im Dezember etwas von dem warmen Pullover, daher wäre die Größe 6–12 Monate wahrscheinlich die richtige. Berücksichtigen Sie jedoch, dass manchen Babys die kleinsten Größen von Anfang an nicht passen, während andere Monate brauchen, um in sie hineinzuwachsen. Wer auf Nummer sicher gehen will, entscheidet sich für die größere Größe. Die Kleidungsstücke in diesem Buch sind so geschnitten, dass sie den Kindern am oberen Rand der jeweiligen Altersgruppe meist noch passen. Das bedeutet, ein Kleidungsstück für die Altersgruppe von 0–6 Monaten sollte einem 6 Monate alten Baby immer noch passen, entsprechend wird es für ein Neugeborenes erst einmal etwas zu groß sein.

DIE WICHTIGSTEN MASSE

1. Kopfumfang

2. Schulterbreite

3. Ärmellänge

4. Armlochhöhe

5. Brustumfang

6. Länge (am Rücken messen)

7. Bauchumfang

8. Beinweite (über dem Knie messen)

Bei Anleitungen für mehrere Größen stehen alle Angaben hintereinander: die Angaben für die kleinste Größe zuerst, die Angaben für die größeren Größen in Klammern dahinter. Bei einem Projekt, das beispielsweise in den Größen **0–6 Monate (6–12 Monate, 12–18 Monate, 2 Jahre, 4 Jahre)** gearbeitet werden kann, könnte die Anleitung etwa so lauten: **4. Reihe:** 3 Lm, **6 (7, 8, 9, 10) Stb,** 2 Stb in die nächste M. Für die Größe von 2 Jahren würden Sie demnach 9 Stb häkeln, für die Größe von 4 Jahren 10 Stb usw.

Um bei all diesen Zahlen den Überblick zu bewahren, empfiehlt es sich, Fotokopien der Anleitungen zu machen und vorab im gesamten Text die Zahlen für die richtige Größe einzukreisen oder farbig zu markieren.

Maschenprobe

Beim Häkeln von Kleidung für Babys und Kleinkinder ist es besonders wichtig, die verlangte Maschenprobe einzuhalten. Sie zeigt an, mit welcher Fadenspannung das Garn verarbeitet werden muss, und definiert sich über die Anzahl der Maschen und Reihen, die in einem vorgegebenen Bereich gezählt werden. Wenn die Maschenprobe nur um 6 mm abweicht, kann das zu vielen Zentimetern Abweichung beim fertigen Kleidungsstück führen (und bei einem Kleinkind mehrere Monate ausmachen).

Für die Maschenprobe wird ein Probestück von 10 x 10 cm im Muster gehäkelt. Dieses Stück wird genauso gewaschen und gespannt wie später das fertige Stück. Dann zählen Sie innerhalb der 10 x 10 cm die Maschen und Reihen (z. B. 20 Maschen und 18 Reihen) und vergleichen das Ergebnis mit der empfohlenen Maschenprobe. Wenn Sie mehr Maschen haben, versuchen Sie, mit einer größeren Nadel die Maschenprobe zu erreichen. Wenn Sie weniger Maschen zählen, nehmen Sie eine kleinere Nadelstärke. **Ganz wichtig:** Unbedingt auch mit der neuen Nadelstärke eine Maschenprobe häkeln! Die Maschenprobe muss stimmen, bevor Sie mit dem Projekt beginnen, auch wenn Sie dafür mehrere Male probieren müssen! Wenn es absolut nicht hinkommen will, könnte es am Garn liegen. Versuchen Sie es mit dickerem Garn, wenn Ihr Häkelstück zu viele Maschen pro Zentimeter zählt, bzw. mit dünnerem Garn bei zu wenigen Maschen.

Allen Maschenprobe-Muffeln sei gesagt, dass es viel schlimmer wäre, mitten in einem Projekt festzustellen, dass die Maße aus dem Ruder laufen. Die Maschenprobe ist auch eine Möglichkeit, neue Muster auszuprobieren. Machen Sie Fehler in der Maschenprobe, sodass diese beim eigentlichen Projekt vermieden werden können!

TIPP Mit einer Maschenprobe finden Sie heraus, welche Nadelstärke die richtige ist, damit Sie mit der Ihnen eigenen Fadenspannung arbeiten können, ohne einen Gedanken darauf verschwenden zu müssen, ob Sie zu fest oder zu locker arbeiten. Und wenn die erste Maschenprobe nicht mit der empfohlenen übereinstimmt, brauchen Sie keinen halben Pullover, sondern nur ein kleines Quadrat wieder aufzuribbeln.

Schwierigkeitsgrade

Bei jedem Projekt ist ein Schwierigkeitsgrad als Hinweis darauf angegeben, wie kompliziert Muster und/oder Technik sind. Um gelassen an ein Projekt herangehen zu können, liest man am besten die Anleitung vorher vollständig durch. Unbekannte Maschen sollte man mit Restgarn üben, dann kann man schnell mit dem nötigen Selbstvertrauen das Muster angehen.

Die ausführliche Erklärung aller Maschen finden Sie im Anhang ab Seite 146.

So sind die Schwierigkeitsgrade in diesem Buch definiert:

Leicht: Grundmaschen, Wiederholungsmuster, einfache Farbwechsel, Häkeln in Runden, einfache Schnittführung und Fertigstellung. Mit ein wenig Konzentration von jedem Anfänger zu meistern.

Mittel: Verschiedene Techniken, darunter einfache Lochmuster oder mehrfarbige Muster, komplexeres Häkeln in Runden, mittelschwere Schnittführung und Fertigstellung. Teilweise kommt die Nähmaschine zum Einsatz.

Anspruchsvoll: Komplizierte oder ständig wechselnde Muster und Techniken, mehrfarbige Muster, kompliziertere Schnittführung und Fertigstellung.

Abkürzungen

Das Lesen von Häkelanleitungen kann wegen der vielen Abkürzungen zu Anfang gewöhnungsbedürftig sein, mit ein wenig Geduld und Übung werden Sie sich aber schnell einarbeiten. In diesem Buch werden die üblichen Häkelabkürzungen verwendet, die in der Tabelle rechts alle aufgeführt sind. Diese Liste können Sie immer zurate ziehen, wenn Sie unsicher sind.

Wie die Maschen im Einzelnen gearbeitet werden, wird im Anhang ab Seite 146 erklärt.

HÄKELBEGRIFFE UND ABKÜRZUNGEN

( )	Angaben zu alternativen Größen und Wiederholungen; mit der Maschenfolge in den Klammern so verfahren wie angegeben
[ ]	Anweisungen in Klammern so oft wiederholen wie angegeben
*	die dem Sternchen folgenden Angaben so oft wiederholen wie angegeben
**	Angaben zwischen den Sternchen so oft wiederholen wie angegeben
2 fM zus	2 feste Maschen zusammen abmaschen (= 1 Abnahme)
2 hStb zus	2 halbe Stäbchen zusammen abmaschen (= 1 Abnahme)
2 Stb zus	2 Stäbchen zusammen abmaschen (= 1 Abnahme)
abm	abmaschen
anschl	anschlagen
arb	arbeiten
BM	Brückenmasche
DStb	Doppelstäbchen
EFM	erweiterte feste Masche
Fb	Farbe
fM	feste Masche
folg	folgende
Hinr	Hinreihe
hStb	halbes Stäbchen
Km	Kettmasche
Lm	Luftmasche
M	Masche
Nd	Nadel
R	Reihe
Rd	Runde
restl	restliche
RStb	Reliefstäbchen
RStbh	Reliefstäbchen von hinten
RStbv	Reliefstäbchen von vorn
Rückr	Rückreihe
Stb	Stäbchen
U	Umschlag
überspr	überspringen, auslassen
V-M	V-Masche
wdh	wiederholen
zus	zusammen

Häkeln nach Häkelschrift

Motive und Muster kann man sich ohne Bild nur schwer vorstellen, daher werden sie in diesem Buch anhand von Zeichnungen und Symbolen dargestellt, den sogenannten Häkelschriften. Sie sind eine zusätzliche Hilfe zu den Anleitungstexten. Die Tabelle unten führt die Symbole auf. Es handelt sich um die auch sonst gebräuchlichen. Zum besseren Verständnis werden die Legenden zu den Symbolen bei den Projekten jeweils wiederholt.

Die Häkelschriften werden wie folgt gelesen:
In den Hinreihen: von rechts nach links.
In den Rückreihen: von links nach rechts.

Die Häkelschrift ist eine visuelle Darstellung der Arbeit, wie sie für einen Rechtshänder auf der Vorderseite erscheint. Daher lesen Sie die Rückreihen „rückwärts", denn Sie haben die Arbeit gewendet, bevor Sie diese Reihe in Angriff nehmen. Auch Linkshänder lesen Hinreihen von rechts nach links, arbeiten diese aber aufgrund ihrer Handhaltung von links nach rechts. Das Gleiche gilt für Rückreihen: Sind Sie Linkshänder, lesen Sie die Reihen von links nach rechts, arbeiten sie aber von rechts nach links.

Wenn in Runden gearbeitet wird, lesen und arbeiten Rechtshänder die Häkelschriften in Hinreihen entgegen dem Uhrzeigersinn. Linkshänder lesen die Häkelschrift entgegen dem Uhrzeigersinn, arbeiten aber im Uhrzeigersinn.

Häkelschriften, die in der Runde gearbeitet werden, beginnen in der Mitte – dort findet sich ein Symbol für einen Faden- oder Luftmaschenring. Die Runden in der Häkelschrift sind entsprechend den Runden im Anleitungstext durchnummeriert. In der Beispielzeichnung unten für die Häkelblüte der Krabbelstulpen (Seite 68) beginnt Runde 1 unmittelbar links der Rundenzahl mit einer Luftmasche (⬭) und zeigt dann 10 feste Maschen (+), die in den Ring gearbeitet sind. Runde 1 endet genau oberhalb der ersten Luftmasche mit der schwarzen Kettmasche (•) als Verbindungsmasche.

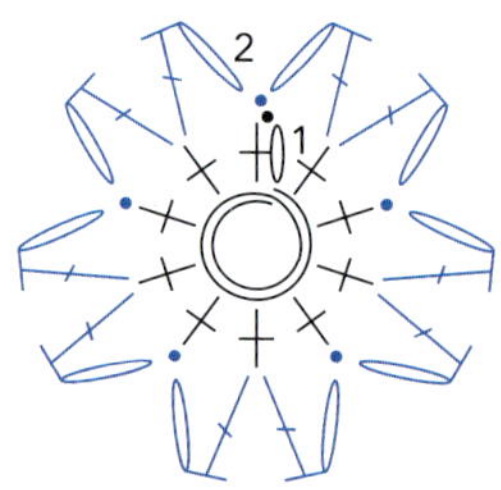

HÄKELBLÜTE

ZEICHENERKLÄRUNG

◎	= Fadenring
⬭	= Luftmasche (Lm)
•	= Kettmasche (Km)
+	= feste Masche (fM)
	= halbes Stäbchen (hStb)
	= Stäbchen (Stb)
	= Doppelstäbchen (DStb)
—	= ins hintere Maschenglied
▬	= ins vordere Maschenglied
	= Reliefstäbchen von vorn (RStbv)
	= Reliefstäbchen von hinten (RStbh)
	= Stäbchenkette (Stb-Kette)
	= erweiterte feste Masche (EFM)
	= Maschengruppe
	= 2 Stb zus
	= 2 hStb zus
	= 2 fM zus

Damit Sie die Häkelschriften leicht erfassen können, sind die einzelnen Reihen bzw. Runden farblich unterschiedlich gekennzeichnet. Runde 2 beginnt unmittelbar links der Rundenzahl mit einer Luftmasche (⬭), gefolgt von einem „Blütenblatt" bestehend aus 2 Stäbchen (Ŧ), die in die nächste feste Masche (+) gearbeitet werden. Es folgen eine Luftmasche (⬭) und eine Kettmasche (•) in die nächste feste Masche (+).

Weiter der Häkelschrift entgegen dem Uhrzeigersinn folgen und Sie werden sehen, dass Sie die soeben für das Blütenblatt beschriebene Maschenfolge fortlaufend wiederholen. Weitere Hinweise zum Häkeln in Runden siehe Anhang ab Seite 146.

Nicht vergessen: Sie können immer im Anleitungstext nachlesen, wie die Häkelschrift zu verstehen ist. Und natürlich können Sie die Häkelschrift einfach ignorieren, wenn Sie sich mit den Textanweisungen wohler fühlen.

Schnitte

Eine weitere wichtige visuelle Darstellungsweise ist bei Kleidungsstücken der Schnitt. Den Schnittzeichnungen lassen sich die Maße eines Teils entnehmen sowie seine Form. Pfeile geben die Häkelrichtung an. Fehlt der Pfeil, wird von der Unterkante aufwärts gehäkelt. Um sicherzugehen, dass die Maße noch übereinstimmen, sollte man während der Arbeit ab und zu das Stück mit dem Schnitt vergleichen, denn es kann vorkommen, dass sich Ihre Fadenspannung verändert, wenn Sie sich eingearbeitet haben. Kann es daran nicht liegen und es stellt sich dennoch ein anderes Ergebnis ein, muss sich irgendwo ein Fehler eingeschlichen haben. In einem solchen Fall kann Ihnen vielleicht jemand mit Fachverstand aus Ihrem lokalen Wollgeschäft weiterhelfen.

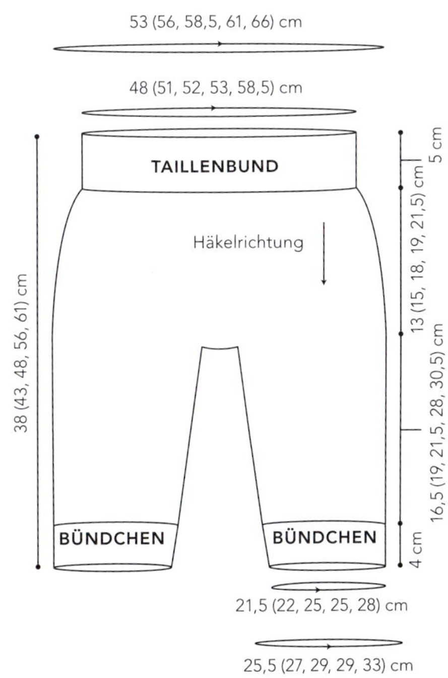

2

Für Babys

würfeldecke

Diese fröhliche Decke ist das richtige Geschenk für Babys, deren Eltern es bunt lieben. Was auf den ersten Blick kompliziert erscheint, besteht nur aus einem immer wieder abgewandelten Grundblock. Bestimmt gibt Ihr Wollkorb genügend Farben für den Anfang her, mit mehr Garn (und Zeit) kann die Decke später immer noch weiter wachsen!

SCHWIERIGKEITSGRAD

Mittel

GRÖSSE	Einheitsgröße
FERTIGE DECKE	70 x 70 cm
FARBE A	256 m
FARBEN B UND C	je 171 m
FARBEN D, E, F UND G	je 85 m

MATERIAL

940 m, Garnstärke Standard dick: 11 x Nashua Handknits *Julia* (50 % Wolle, 25 % Alpaka, 25 % Mohair, 85 m/50 g), 3 x Fb 6396 Deep Blue Sea (A), je 2 x Fb 4726 Maine Coast Blue (B) und 5185 Spring Green (C), je 1 x Fb 0178 Harvest Spice (D), 0120 Squash (E), 1715 Rose (F) und 1784 Gourd (G) (4)

1 Häkelnadel Nr. 5,5 *(ggf. entsprechend Maschenprobe anpassen)*

1 Wollnadel

MASCHENPROBE

1 fertiger Block = 13 x 13 cm

SO WIRD'S GEMACHT

Grundblock

HINWEIS: *Alle Motive sind Abwandlungen des Grundblocks. Die Unterschiede sind in den folgenden Tabellen aufgeführt.*

4 Lm anschl, mit 1 Km in die 1. Lm zum Ring schließen.

1. Rd (Vorderseite): 3 Lm (zählen jeweils als 1. Stb), 15 Stb in den Ring, mit 1 Km in die oberste Anfangs-Lm schließen = 16 Stb.

2. Rd: 3 Lm, 1 Stb in die Einstichstelle der Verbindungs-Km, je 2 Stb in jedes nachfolg Stb, 1 Km in die oberste Anfangs-Lm = 32 Stb.

3. Rd: 3 Lm, 2 Stb in das nächste Stb, 15 x [1 Stb, 2 Stb in das nächste Stb], 1 Km in die oberste Anfangs-Lm = 48 Stb. Erste Farbe beenden.

4. Rd: (3 Lm, 2 Stb, 2 Lm, 3 Stb) in die Einstichstelle der Verbindungs-M (= 1 Ecke), 3 x [2 Stb überspr, 7 fM, 2 Stb überspr, (3 Stb, 2 Lm, 3 Stb) in das nächste Stb (= 1 Ecke)], 2 Stb überspr, 7 fM, 2 Stb überspr, 1 Km in die oberste Anfangs-Lm = 28 fM, 24 Stb, 4 Lm-Bögen an den Ecken.

5. Rd: 2 Lm (zählen jeweils als 1. hStb), 2 hStb, 3 x [(2 hStb, 2 Lm, 2 hStb) um den Lm-Bogen, 13 hStb], (2 hStb, 2 Lm, 2 hStb) um den Lm-Bogen, 10 hStb, 1 Km in 1. Lm = 68 hStb und 4 Lm-Bögen an den Ecken.

Beenden.

EINFARBIGER KREIS (5 x arbeiten wie angegeben)

Gemäß Grundblock von jeder Farbkombination 1 Stück arbeiten.

BLOCKNAME	1.–3. RD	4. + 5. RD
Einfarbiger Kreis 1	F	A
Einfarbiger Kreis 2	A	D
Einfarbiger Kreis 3	E	C
Einfarbiger Kreis 4	E	D
Einfarbiger Kreis 5	D	B

BESTICKTER KREIS

(5 x arbeiten wie angegeben)

Gemäß Grundblock von jeder Farbkombination 1 Stück arbeiten. Nach Fertigstellung eines Blocks einen Faden von ca. 90 cm Länge in die Wollnadel fädeln und durch die obersten Maschenglieder von Runde 1 weben. In gleicher Weise mit 2 weiteren Farben die Stäbchen der 2. und 3. Runde besticken.

BLOCKNAME	1.–3. RD	4. + 5. RD	STICKFARBEN (1., 2., 3. Rd)
Bestickter Kreis 1	C	B	B, G, D
Bestickter Kreis 2	C	G	D, E, F
Bestickter Kreis 3	G	E	C, A, B
Bestickter Kreis 4	F	C	C, B, A
Bestickter Kreis 5	B	F	F, D, C

ZWEIFARBIGER KREIS

(5 x arbeiten wie angegeben)

Gemäß Grundblock von jeder Farbkombination 1 Stück arbeiten.

BLOCKNAME	1. RD	2. RD	3. RD	4. + 5. RD
Zweifarbiger Kreis 1	A	F	A	B
Zweifarbiger Kreis 2	G	D	G	A
Zweifarbiger Kreis 3	D	C	D	F
Zweifarbiger Kreis 4	C	E	C	D
Zweifarbiger Kreis 5	E	A	E	G

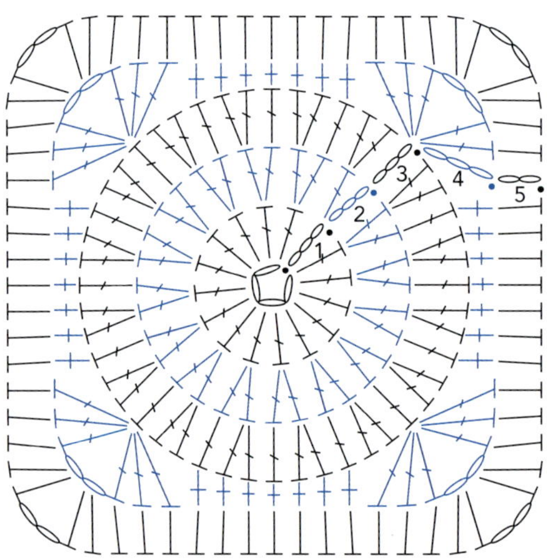

GRUNDBLOCK

ZEICHENERKLÄRUNG

= Luftmasche (Lm)

= Kettmasche (Km)

= feste Masche (fM)

= halbes Stäbchen (hStb)

= Stäbchen (Stb)

DREIFARBIGER KREIS

(5 x arbeiten wie angegeben)

Gemäß Grundblock von jeder Farbkombination 1 Stück arbeiten.

BLOCKNAME	1. RD	2. RD	3. RD	4. + 5. RD
Dreifarbiger Kreis 1	D	B	E	G
Dreifarbiger Kreis 2	E	C	F	D
Dreifarbiger Kreis 3	F	D	B	A
Dreifarbiger Kreis 4	B	F	D	A
Dreifarbiger Kreis 5	B	G	C	A

WINDRAD (5 x arbeiten wie angegeben)

Von jedem Block 1 Stück arbeiten, dabei Farben in Runde 1–3 abwechseln wie angegeben. Die nicht benutzte Farbe mitführen und umstechen, dann für den letzten Umschlag der letzten Masche vor dem Farbwechsel wieder aufgreifen. Achtung: Auch beim letzten Umschlag jeder Runde die Farbe wechseln (vor der Verbindungs-Kettmasche).

Mit 1. Fb 4 Lm anschl, mit 1 Km in die 1. Lm zum Ring schließen.

1. Rd (Vorderseite): 3 Lm (zählen als 1. Stb), 1 Stb in den Ring, 3 x [mit 2. Fb 2 Stb in den Ring, mit 1. Fb 2 Stb in den Ring], mit 2. Fb 2 Stb in den Ring, mit 1 Km in die oberste Anfangs-Lm Rd schließen = 16 Stb.

2. Rd: 3 Lm mit 1. Fb, 1 Stb, 2 Stb in das nächste Stb, 3 x [mit 2. Fb je 2 Stb in die nächsten beiden Stb, mit 1. Fb je 2 Stb in die nächsten beiden Stb], mit 2. Fb je 2 Stb in die nächsten beiden Stb, 1 Km in die Anfangs-Lm = 32 Stb.

3. Rd: 3 Lm mit 1. Fb, 2 Stb in das nächste Stb, 1 Stb, 2 Stb in das nächste Stb, *mit 2. Fb 2 x [1 Stb, 2 Stb in das nächste Stb], mit 1. Fb 2 x [1 Stb, 2 Stb in das nächste Stb], ab * noch 2 x wdh, mit 2. Fb 2 x [1 Stb, 2 Stb in das nächste Stb], 1 Km in die Anfangs-Lm = 48 Stb. Beide Farben abschneiden und vernähen.

4. und 5. Rd: Mit 3. Fb wie 4. und 5. Rd des Grundblocks.

BLOCKNAME	1.–3. RD (1. Fb)	1.–3. RD (2. Fb)	4. + 5. RD (3. Fb)
Windradmotiv 1	A	F	C
Windradmotiv 2	G	C	A
Windradmotiv 3	A	C	G
Windradmotiv 4	B	D	E
Windradmotiv 5	E	F	D

TIPP Diese Decke kann ein tolles Gemeinschaftsprojekt sein. Freunde und Verwandte schicken jeweils ein paar Blöcke an eine Person, die die Fertigstellung übernimmt und der werdenden Mutter das Geschenk überreicht.

Fertigstellung

Die Blöcke laut Plan arrangieren und zusammennähen (siehe Fertigstellung ab Seite 152).

Einfarbiger Kreis 1	Dreifarbiger Kreis 1	Windrad 1	Einfarbiger Kreis 2	Bestickter Kreis 1
Dreifarbiger Kreis 2	Bestickter Kreis 3	Zweifarbiger Kreis 1	Bestickter Kreis 2	Zweifarbiger Kreis 2
Zweifarbiger Kreis 5	Windrad 2	Einfarbiger Kreis 4	Zweifarbiger Kreis 3	Einfarbiger Kreis 3
Bestickter Kreis 4	Zweifarbiger Kreis 4	Dreifarbiger Kreis 4	Windrad 3	Dreifarbiger Kreis 3
Windrad 4	Einfarbiger Kreis 5	Bestickter Kreis 5	Dreifarbiger Kreis 5	Windrad 5

RAND

1. Rd (Vorderseite): A mit 1 Km an einem Lm-Bogen einer Ecke ansetzen, (3 Lm, 1 Stb, 2 Lm, 2 Stb) um den Lm-Bogen, *4 x [je 1 Stb in die hStb der Vor-Rd bis zur Ecke des Quadrats, 1 Stb um den Lm-Bogen, 1 Stb um den Lm-Bogen des nächsten Quadrats], weiter Stb bis zur nächsten Ecke, (2 Stb, 2 Lm, 2 Stb) um den Lm-Bogen, ab * noch 2 x wdh, 4 x [weiter mit Stb bis zur Ecke, 1 Stb um den Lm-Bogen, 1 Stb um den Lm-Bogen des nächsten Quadrats], weiter mit Stb bis zur 1. Ecke der Decke, 1 Km in die Anfangs-Lm = 388 Stb und 4 Lm-Bögen.

2. Rd (Vorderseite): 3 Lm, 1 Stb, (2 Stb, 2 Lm, 2 Stb) um den Lm-Bogen, weiter mit Stb, dabei (2 Stb, 2 Lm, 2 Stb) um die Lm-Bögen an den Ecken, 1 Km in die Anfangs-Lm = 404 Stb und 4 Lm-Bögen.

3. Rd (Vorderseite): Mit B 1 Lm, weiter mit fM, dabei je 4 fM um die Lm-Bögen an den Ecken, 1 Km in die 1. fM = 408 fM.

Beenden.

Einen Faden von ca. 125 cm Länge in Fb C in eine Wollnd fädeln. Am gesamten Rand durch die Stb-Köpfe der 1. Rd ziehen.

Fäden vernähen.

SCHMUSEDECKE

Mit seiner einprägsamen Musterfolge aus Muscheln und Reliefstäbchen lässt sich diese Decke ganz entspannt während der Schwangerschaft arbeiten. Die plastischen Maschen bieten schon den Kleinsten eine reizvolle Struktur zum Anfassen. Weil mit Standard-Garnstärke gehäkelt wird, lässt sich das Garn leicht durch eines Ihrer Wahl ersetzen.

SCHWIERIGKEITSGRAD
Mittel

GRÖSSE	Einheitsgröße
FERTIGE DECKE	94 cm breit, 101,5 cm lang
GARNVERBRAUCH	1116 m

MATERIAL
1120 m, Garnstärke Standard dick: 13 x Debbie Bliss *Cashmerino Aran* (55 % Merinowolle, 33 % Mikrofaser, 12 % Kaschmir, 80 m/50 g), Fb 202 Hellblau (4)

1 Häkelnadel Nr. 4,5 *(ggf. entsprechend Maschenprobe anpassen)*

1 Wollnadel

MASCHENPROBE
18 M und 10 R = 10 x 10 cm im Muster

BESONDERE TECHNIKEN
Reliefstäbchen von vorn (RStbv) und hinten (RStbh): siehe Sondermaschen, Seite 152.

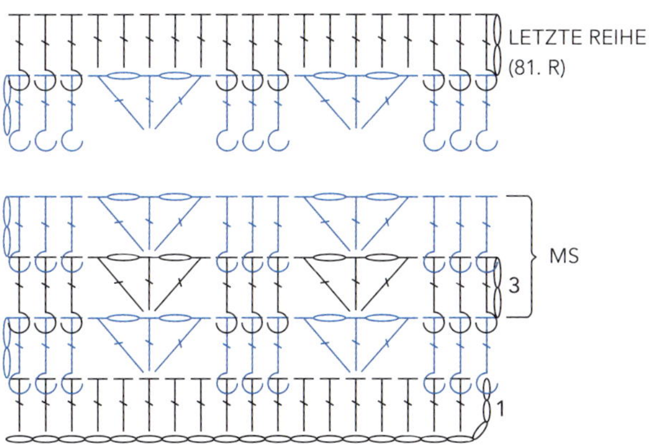

MUSTERAUSSCHNITT

ZEICHENERKLÄRUNG

= Luftmasche (Lm)

= Stäbchen (Stb))

= Reliefstäbchen von vorn (RStbv)

= Reliefstäbchen von hinten (RStbh)

SO WIRD'S GEMACHT
149 Lm anschlagen.

1. R (Hinr): 1 Stb in die 4. Lm ab Nd (Anfangs-Lm zählen als 1. Stb), weiter mit Stb = 147 Stb.

2. R: 2 Lm (zählen nicht als M), wenden, *3 RStbh, 2 M überspr, (1 Stb, 1 Lm, 1 Stb, 1 Lm, 1 Stb) in die nächste M (= 1 Muschel), 2 M überspr, ab * bis zu den letzten 3 M wdh, 3 RStbh = 57 RStbh und 18 Muscheln.

3. R: Mit 2 Lm wenden, *je 1 RStbv in die 3 RStbh der Vor-R, 1 Stb und 1 Lm-Bogen überspr, (1 Stb, 1 Lm, 1 Stb, 1 Lm, 1 Stb) ins nächste Stb (= 1 Muschel), Lm-Bogen und 1 Stb überspr, ab * wdh bis zu den letzten 3 M, je 1 RStbv in die letzten 3 RStbh = 57 RStbv, 18 Muscheln.

4. R: Mit 2 Lm wenden, *je 1 RStbh in 3 RStbv der Vor-R, 1 Stb und 1 Lm-Bogen überspr, (1 Stb, 1 Lm, 1 Stb, 1 Lm, 1 Stb) in nächste M (= 1 Muschel), 1 Lm-Bogen und 1 Stb überspr, ab * wdh bis zu den letzten 3 M, je 1 RStbh in die letzten 3 RStbv.

5.–80. R: Die letzten 2 R 38 x wdh.

81. R: Mit 2 Lm wenden, *je 1 RStbv in die nächsten 3 RStbh, 5 Stb, ab * wdh bis zu den letzten 3 M, je 1 RStbv in die letzten 3 RStbh = 57 RStbv und 90 Stb. Beenden.

FERTIGSTELLUNG
Fäden vernähen.

variante

Das Garn ersetzen durch Debbie Bliss *Cashmerino Aran* Fb 36 Violett.

Schlafsack für süsse Träume

Dieser kuschelige Schlafsack besteht aus leicht abgewandelten festen Maschen. Sie bilden eine dehnbare textile Fläche, die Ihr Baby in der Wiege weich umhüllt. Der Reißverschluss hilft beim Aus- und Anziehen. Wird der Schlafsack über dem Schlafanzug getragen, muss er nicht täglich gewaschen werden.

SCHWIERIGKEITSGRAD

Anspruchsvoll

GRÖSSEN	0–6 Monate	6–12 Monate	12–18 Monate	18–24 Monate
BRUST-UMFANG	52 cm	57 cm	62 cm	67,5 cm
LÄNGE (bis Nacken)	53,5 cm	56 cm	58,5 cm	61 cm
FARBE A	494 m	549 m	613 m	681 m
FARBE B	146 m	165 m	187 m	206 m

MATERIAL

640 (713, 800, 887) m, Garnstärke Standard mittel: 3 (3, 4, 4) x Fiesta Yarns *Boomerang* (100 % Merino Superwash, 294 m/142 g), 2 (2, 3, 3) x Fb 3931 Cochiti Lake Blue (A) und 1 x Fb 39138 Cool Breeze (B)

1 Häkelnadel Nr. 5,5 *(ggf. entsprechend Maschenprobe anpassen)*

1 Häkelnadel Nr. 3,75

1 Wollnadel

1 Reißverschluss in der Garnfarbe, 55 cm lang

1 magnetischer Knopf, 16 mm Durchmesser

1 Nähnadel und Nähgarn

MASCHENPROBE

17 M und 16 R = 10 x 10 cm im MS mit Nd Nr. 5,5

MUSTERSATZ (MS)

M-Zahl teilbar durch 2

1. R: 1 Lm, wenden, *1 fM vorn (= ins vordere Maschenglied einstechen), 1 fM hinten (= ins hintere Maschenglied einstechen), ab * stets wdh.

Für MS 1. R stets wdh.

VERSETZTER MUSTERSATZ (VMS)

M-Zahl teilbar durch 2

1. R: 1 Lm, wenden, *1 fM hinten (= ins hintere Maschenglied einstechen), 1 fM vorn (= ins vordere Maschenglied einstechen), ab * stets wdh.

Für vMS 1. R stets wdh.

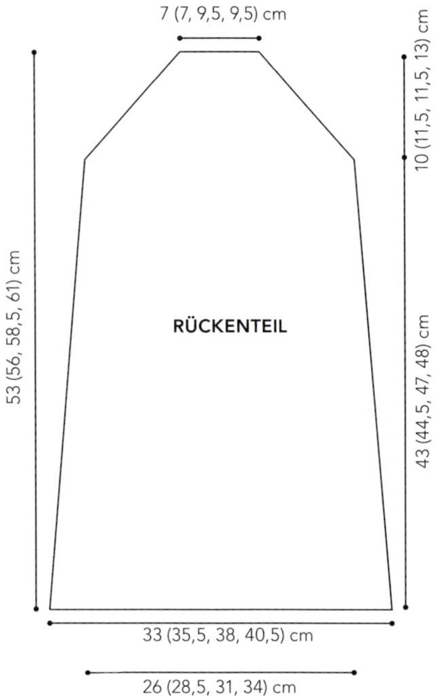

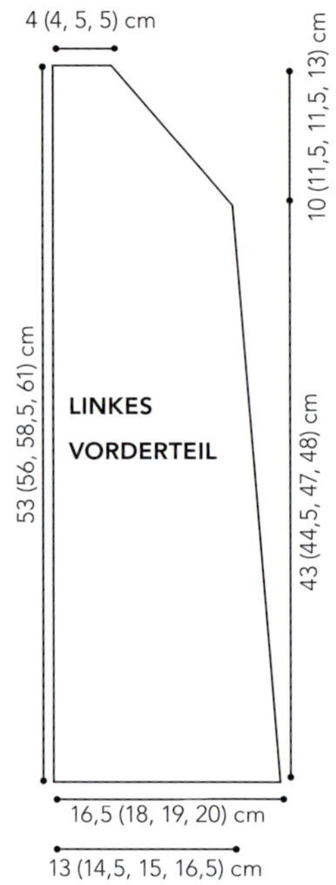

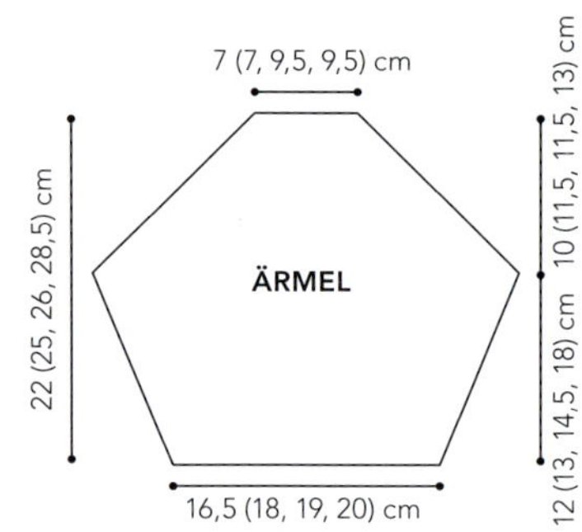

SO WIRD'S GEMACHT

Rückenteil

Mit der größeren Häkel-Nd 57 (61, 65, 69) Lm in Fb A anschl.

1. R (Rückr): 1 fM in die 2. Lm ab Nd, weiter je 1 fM in jede Lm = 56 (60, 64, 68) fM.

2.–9. (11., 15., 17.) R: Die 1. R im MS 8 (10, 14, 16) x wdh.

SEITENSCHRÄGUNG

1. R (Hinr): 1 Lm, wenden, 2 fM hinten zus, *1 fM vorn, 1 fM hinten, ab * stets wdh bis zu den letzten 2 M, 2 fM vorn zus = 54 (58, 62, 66) fM.

2.–10. R: Die 1. R im vMS 9 x wdh.

11. R (Rückr): 1 Lm, wenden, 2 fM vorn zus, *1 fM hinten, 1 fM vorn, ab * stets wdh bis zu den letzten 2 M, 2 fM hinten zus = 52 (56, 60, 64) fM.

12.–20. R: Die 1. R im MS 9 x wdh.

21.–60. R: Die 1.–20. R 2 x wdh = 44 (48, 52, 56) fM.

RAGLANSCHRÄGUNG

1. R (Hinr): Wie 1. R der Seitenschrägung = 42 (46, 50, 54) fM.

2. R: Wie 11. R der Seitenschrägung = 40 (44, 48, 52) fM.

3.–16. (18., 18., 20.) R: Die 1. und 2. R 7 (8, 8, 9) x wdh = 12 (12, 16, 16) fM.

Beenden.

Rechtes Vorderteil

Mit der größeren Häkel-Nd 29 (31, 33, 35) Lm in Fb A anschl.

1. R (Rückr): 1 fM in die 2. Lm ab Nd, weiter je 1 fM in jede Lm = 28 (30, 32, 34) fM.

2.–9. (13., 15., 17.) R: Die 1. R im MS 8 (12, 14, 16) x wdh.

SEITENSCHRÄGUNG

1. R (Hinr): 1 Lm, wenden, *1 fM vorn, 1 fM hinten, ab * stets wdh bis zu den letzten 2 M, 2 fM vorn zus = 27 (29, 31, 33) fM.

2. R: 1 Lm, wenden, 1 fM hinten, *1 fM vorn, 1 fM hinten, ab * stets wdh.

3. R: 1 Lm, wenden, 1 fM vorn, *1 fM hinten, 1 fM vorn, ab * stets wdh.

4.–9. R: Die 2. und 3. R 3 x wdh.

10. R: Wie 2. R.

11. R (Rückr): 1 Lm, wenden, 1 fM vorn, *1 fM hinten, 1 fM vorn, ab * stets wdh bis zu den letzten 2 M, 2 fM hinten zus = 26 (28, 30, 32) fM.

12.–20. R: Die 1. R im MS 9 x wdh.

21.–60. R: Die 1.–20. R 2 x wdh = 22 (24, 26, 28) fM.

RAGLANSCHRÄGUNG

1. R (Hinr): 1 Lm, wenden, *1 fM vorn, 1 fM hinten, ab * stets wdh bis zu den letzten 2 M, 2 fM vorn zus = 21 (23, 25, 27) fM.

2. R: 1 Lm, wenden, 2 fM vorn zus, *1 fM hinten, 1 fM vorn, ab * stets wdh bis zur letzten M, 1 fM hinten = 20 (22, 24, 26) fM.

3.–16. (18., 18., 20.) R: Die 1. und 2. R 7 (8, 8, 9) x wdh = 6 (6, 8, 8) fM.

Beenden.

Linkes Vorderteil

Bis zur Seitenschrägung wie rechtes Vorderteil arb.

SEITENSCHRÄGUNG

1. R (Hinr): 1 Lm, wenden, 2 fM hinten zus, *1 fM vorn, 1 fM hinten, ab * stets wdh = 27 (29, 31, 33) fM.

2. R: 1 Lm, wenden, 1 fM vorn, *1 fM hinten, 1 fM vorn, ab * stets wdh.

3. R: 1 Lm, wenden, 1 fM hinten, *1 fM vorn, 1 fM hinten, ab * stets wdh.

4.–9. R: Die 2. und 3. R wdh.

10. R: Wie 2. R.

11. R (Hinr): 1 Lm, wenden, 2 fM vorn zus, *1 fM hinten, 1 fM vorn, ab * stets wdh bis zur letzten M, 1 fM hinten = 26 (28, 30, 32) fM.

12.–20. R: Im MS weiter gerade hoch arb.

21.–60. R: Die 1.–20. R 2 x wdh = 22 (24, 26, 28) fM.

RAGLANSCHRÄGUNG

1. R (Hinr): 1 Lm, wenden, 2 fM hinten zus, *1 fM vorn, 1 fM hinten, ab * stets wdh = 21 (23, 25, 27) fM.

2. R: 1 Lm, wenden, *1 fM vorn, 1 fM hinten, ab * stets wdh bis zu den letzten 3 M, 1 fM vorn, 2 fM hinten zus = 20 (22, 24, 26) fM.

3.–16. (18., 18., 20.) R: Die 1. und 2. R 7 (8, 8, 9) x wdh = 6 (6, 8, 8) fM.

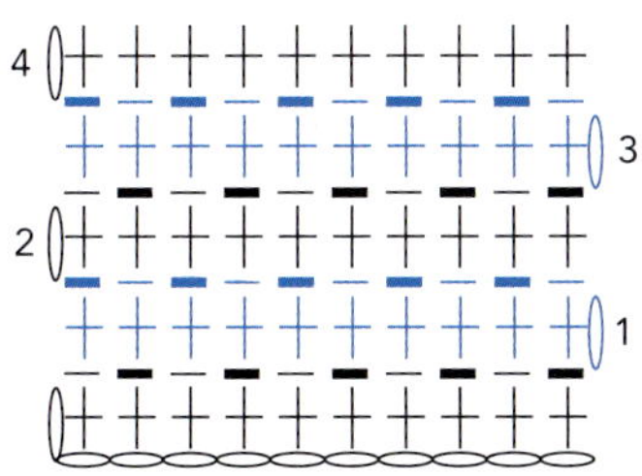

MUSTERSATZ (MS)

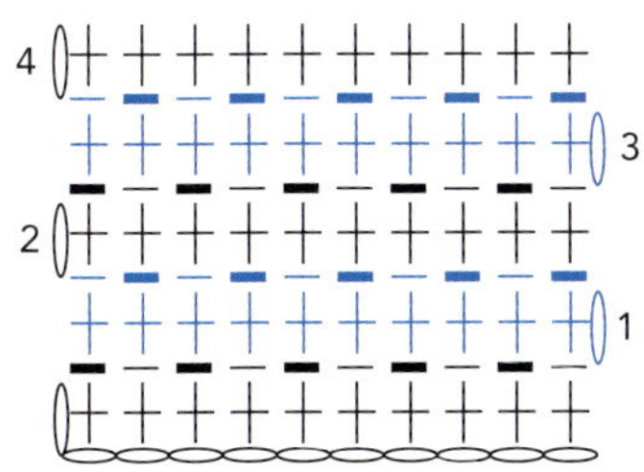

VERSETZTER MUSTERSATZ (VMS)

ZEICHENERKLÄRUNG

⬭ = Luftmasche (Lm)

+ = feste Masche (feM)

— = ins hintere Maschenglied

▬ = ins vordere Maschenglied

Ärmel (2 x arbeiten)

Mit der größeren Häkel-Nd 29 (31, 33, 35) Lm in Fb B anschl.

1. R: 1 fM in die 2. Lm ab Nd, weiter je 1 fM in jede Lm = 28 (30, 32, 34) fM.

2. und 3. R: Die 1. R im MS 2 x wdh.

4. R (Hinr): 1 Lm, wenden, in die 1. M je 1 fM hinten und 1 fM vorn (= 1 Zunahme), *1 fM hinten, 1 fM vorn, ab * stets wdh bis zur letzten M, in die letzte M je 1 fM hinten und 1 fM vorn (= 1 Zunahme) = 30 (32, 34, 36) fM.

5. R: 1. R im vMS arb.

6. R (Hinr): 1 Lm, wenden, in die 1. M je 1 fM vorn und 1 fM hinten (= 1 Zunahme), *1 fM vorn, 1 fM hinten, ab * stets wdh bis zur letzten M, in die letzte M je 1 fM vorn und 1 fM hinten (= 1 Zunahme) = 32 (34, 36, 38) fM.

7. R: Die 1. R im MS arb.

Nur Größen 0–6 (12–18) Monate

8.–19. (23.) R: Die 4.–7. R 3 (4) x wdh = 44 (52) fM.

RAGLANSCHRÄGUNG (alle Größen)

1. R (Rückr): 1 Lm, wenden, 2 fM hinten zus, *1 fM vorn, 1 fM hinten, ab * stets wdh bis zu den letzten 2 M, 2 fM vorn zus = 42 (50) fM.

2. R (Hinr): 1 Lm, wenden, 2 fM vorn zus, *1 fM hinten, 1 fM vorn, ab * stets wdh bis zu den letzten 2 M, 2 fM hinten zus = 40 (48) fM.

3.–16. (18.) R: Die 1. und 2. R 7 (8) x wdh = 12 (16) fM.

Beenden.

Nur Größen 6–12 (18–24) Monate

8.–21. (25.) R: Die 4.–7. R 3 (4) x wdh, dann die 4. und 5. R 1 x wdh = 48 (56) fM.

ARMKUGEL (alle Größen)

1. R (Rückr): 1 Lm, wenden, 2 fM vorn zus, *1 fM hinten, 1 fM vorn, ab * stets wdh bis zu den letzten 2 M, 2 fM hinten zus = 46 (54) fM.

2. R (Hinr): 1 Lm, wenden, 2 fM hinten zus, *1 fM vorn, 1 fM hinten, ab * stets wdh bis zu den letzten 2 M, 2 fM vorn zus = 44 (52) fM.

3.–18. (20.) R: Die 1. und 2. R 8 (9) x wdh = 12 (16) fM.

Beenden.

Riegelverschluss

Mit der größeren Häkel-Nd 10 Lm in Fb A anschl.

1. R: 5 hStb in die 3. Lm ab Nd, je 1 hStb in die nächsten 6 Lm, 6 hStb in die letzte Lm, wenden und an der gegenüberliegenden Seite der Lm-Kette mit je 1 hStb in die 6 Lm weiterarb, mit 1 Km in die oberste Anfangs-Lm die Rd schließen = 24 hStb.

Beenden.

Fertigstellung

Arbeit auf rechts legen, mit der kleineren Nadel und mit 1 Luftmasche das Garn in Farbe A an einer Kante des Vorderteils ansetzen und über die gesamte Kante 1 Reihe mit festen Maschen häkeln. Beenden. An der zweiten Vorderkante wiederholen.

Die Ärmel mit Kettmaschen wie folgt an Rücken und Vorderteile anhäkeln: Die Raglankanten je eines Ärmels und des Rückenteils links auf links bündig zusammenlegen, der Ärmel liegt unten. Beginnend am Halsausschnitt, das Garn in Farbe A mit 1 Kettmasche an der Raglankante anschlingen und mit gleichmäßig verteilten Kettmaschen beide Kanten zusammenhäkeln. Beenden. In gleicher Weise den Ärmel an das Vorderteil häkeln. Ebenso den zweiten Ärmel an die gegenüberliegenden Raglankanten häkeln.

Den Schlafsack rechts auf rechts zusammenklappen. Ärmel-, Seiten- und Unterkanten überwendlich schließen (siehe Seite 154). Den Schlafsack auf rechts wenden.

Mit der kleineren Nadel und Farbe A den Halsausschnitt locker mit 1 Reihe Kettmaschen, die Ärmelkanten mit 2 Reihen feste Maschen umhäkeln.

Den Reißverschluss an der rechten Vorderkante feststecken, dabei am Ausschnitt beginnen, dann von Hand festnähen. Ebenso an der linken Vorderkante verfahren, dabei den Reißverschluss öffnen, wenn erforderlich.

HINWEIS: *Sollte der Reißverschluss nicht ganz bis an den Boden des Schlafsacks reichen, die Öffnung unterhalb des Reißverschlusses von innen überwendlich zunähen.*

Das eine halbrunde Ende des Riegels an die rechte Vorderseite des Schlafsacks direkt unterhalb des Halsausschnitts nähen. An das andere Ende den einen Teil des Magnetverschlusses nähen, den anderen Teil auf die linke Vorderseite des Schlafsacks. Den Riegel über dem Reißverschluss-Schieber schließen.

Fäden vernähen.

variante

Das Garn ersetzen durch Fiesta Yarns *Boomerang* in Disco Green (A) und Tutti Frutti (B).

Sonnenscheindecke

Wickeln Sie Ihr Baby in die Sonnenstrahlen dieser leichten Spitzendecke! Sie wird mit einer zart getönten Sockenwolle in Runden gearbeitet und weist ein hübsches Strahlenmuster auf, das im Zentrum beginnt und sich bis zum Rand fortsetzt. Es ist besser, mit einem Luftmaschenring statt mit einem Fadenring zu beginnen, dann lässt sich die Decke problemlos häufiger waschen.

SCHWIERIGKEITSGRAD

Anspruchsvoll

GRÖSSE	Einheitsgröße
FERTIGE DECKE (Durchmesser)	109 cm von Spitze zu Spitze
GARNVERBRAUCH	1042 m

MATERIAL

1045 m, Garnstärke fein: 3 x Blue Moon Fiber Arts *Socks that Rock Medium Weight* (100 % Merino Superwash, 347 m/155 g), Fb Hoofle Floofle (2)

1 Häkelnadel Nr. 3,75 *(ggf. entsprechend Maschenprobe anpassen)*

Maschenmarkierer (MM) in 2 Fb (A und B)

1 Wollnadel

MASCHENPROBE

18 M und 10 R = 10 x 10 cm im Stb-Muster

TIPP Wenn Sie die Decke laut Anleitung arbeiten, ist das Garn eher knapp bemessen. Kaufen Sie also lieber etwas mehr. Für eine Kinderwagendecke reichen 2 Wollknäuel; in diesem Fall beenden Sie die Häkelarbeit nach der 34. Runde.

SO WIRD'S GEMACHT

HINWEIS: *Die Decke wird in Runden gehäkelt. Am Rundenanfang wird daher nicht gewendet. Die rechte Seite der Arbeit zeigt stets zu Ihnen.*

6 Lm anschl, mit 1 Km in die 1. Lm zum Ring verbinden.

1. Rd (Vorderseite): 3 Lm (zählen als 1. Stb), 15 Stb in den Ring = 16 Stb.

2. Rd: 5 Lm (zählen als 1 Stb + 2 Lm), 1 Stb in die Einstichstelle der Verbindungs-Km, 7 x [1 Stb überspr, (1 Stb, 2 Lm, 1 Stb) ins nächste Stb], letztes Stb überspr, 1 Km in die 3. Anfangs-Lm = 16 Stb, 8 Lm-Bögen.

3. Rd: 1 Km in den 1. Lm-Bogen, 3 Lm, 3 Stb um den 1. Lm-Bogen, 1 Lm, 7 x [4 Stb um den nächsten Lm-Bogen, 1 Lm], 1 Km in die oberste Anfangs-Lm = 8 Stb-Gruppen, 8 Lm-Bögen.

4. Rd: 3 Lm, je 2 Stb in die nächsten beiden Stb, 1 Stb, 2 Lm, 7 x [1 Lm-Bogen überspr, 1 Stb, je 2 Stb in die nächsten beiden Stb, 1 Stb, 2 Lm], 1 Km in die oberste Anfangs-Lm = 8 Stb-Gruppen, 8 Lm-Bögen.

5. Rd: 3 Lm, 2 x 2 Stb zus, 1 Stb, 2 Lm, 1 Stb um den Lm-Bogen, 2 Lm, *1 Stb, 2 x 2 Stb zus, 1 Stb, 2 Lm, 1 Stb um den Lm-Bogen, 2 Lm, ab * stets wdh, 1 Km in die oberste Anfangs-Lm = 40 Stb, 16 Lm-Bögen.

6. Rd: 3 Lm, 2 Stb zus, 1 Stb, mit 2 Lm den Lm-Bogen überspr, (1 Stb, 2 Lm, 1 Stb) ins nächste Stb, mit 2 Lm den Lm-Bogen überspr, *1 Stb, 2 Stb zus, 1 Stb, mit 2 Lm den Lm-Bogen überspr, (1 Stb, 2 Lm, 1 Stb) ins nächste Stb, mit 2 Lm den Lm-Bogen überspr, ab * stets wdh, 1 Km in die oberste Anfangs-Lm = 40 Stb, 24 Lm-Bögen.

7. Rd: 3 Lm, 2 Stb zus, 2 Lm, 1 Stb um den Lm-Bogen, 2 Lm, 4 Stb um den Lm-Bogen, 2 Lm, 1 Stb um den Lm-Bogen, 2 Lm, *3 Stb zus, 2 Lm, 1 Stb um den Lm-Bogen, 2 Lm, 4 Stb um den Lm-Bogen, 2 Lm, 1 Stb um den Lm-Bogen, 2 Lm, ab * stets wdh, 1 Km in die zus abgemaschten Stb = 56 Stb, 32 Lm-Bögen.

8. Rd: 5 Lm, 1. Lm-Bogen überspr, (1 Stb, 2 Lm, 1 Stb) ins nächste Stb, 2 Lm (damit den Lm-Bogen überspr), 1 Stb ins nächste Stb, je 2 Stb in die nächsten beiden Stb, 1 Stb, 2 Lm, (1 Stb, 2 Lm, 1 Stb) ins nächste Stb, 2 Lm, *1 Stb in die 3 zus abgemaschten Stb, 2 Lm, (1 Stb, 2 Lm, 1 Stb) ins nächste Stb, 2 Lm, 1 Stb, je 2 Stb in die nächsten beiden Stb, 1 Stb, 2 Lm, (1 Stb, 2 Lm, 1 Stb) ins nächste Stb, 2 Lm, ab * stets wdh, 1 Km in die 3. Anfangs-Lm = 88 Stb, 56 Lm-Bögen.

9. Rd: 5 Lm, 1 Stb in die Einstichstelle der Verbindungs-Km, den Lm-Bogen überspr, (1 Stb, 2 Lm, 1 Stb) um den Lm-Bogen, mit 2 Lm den Lm-Bogen überspr, 1 Stb, 2 x 2 Stb zus, 1 Stb, 2 Lm, (1 Stb, 2 Lm, 1 Stb) um den Lm-Bogen, *(1 Stb, 2 Lm, 1 Stb) ins nächste Stb, (1 Stb, 2 Lm, 1 Stb) um den Lm-Bogen, 2 Lm, 1 Stb, 2 x 2 Stb zus, 1 Stb, 2 Lm, (1 Stb, 2 Lm, 1 Stb) um den Lm-Bogen, ab * stets wdh, 1 Km in die 3. Anfangs-Lm = 80 Stb, 40 Lm-Bögen.

10. Rd: (1 Km, 3 Lm, 1 Stb, 2 Lm, 2 Stb) um den 1. Lm-Bogen, (1 Stb, 2 Lm, 1 Stb) um den 2. Lm-Bogen, 2 Lm, 1 Stb, 2 Stb zus, 1 Stb, 2 Lm, (1 Stb, 2 Lm, 1 Stb) um den Lm-Bogen, *(2 Stb, 2 Lm, 2 Stb) um den Lm-Bogen, (1 Stb, 2 Lm, 1 Stb) um den Lm-Bogen, 2 Lm, 1 Stb, 2 Stb zus, 1 Stb, 2 Lm, (1 Stb, 2 Lm, 1 Stb) um den Lm-Bogen, ab * stets wdh, 1 Km in die oberste Anfangs-Lm = 88 Stb, 40 Lm-Bögen.

11. Rd: 1 Km ins 1. Stb, (1 Km, 3 Lm, 1 Stb, 2 Lm, 2 Stb) um den Lm-Bogen, (2 Stb, 2 Lm, 2 Stb) um den Lm-Bogen, 2 Lm, 3 Stb zus, mit 2 Lm den Lm-Bogen überspr, *je (2 Stb, 2 Lm, 2 Stb) um die nächsten 3 Lm-Bögen, 2 Lm, 3 Stb zus, mit 2 Lm den nächsten Lm-Bogen überspr, ab * stets wdh bis zum letzten Bogen, um diesen (2 Stb, 2 Lm, 2 Stb) arb, 1 Km in die oberste Anfangs-Lm = 104 Stb, 40 Lm-Bögen.

12. Rd: 1 Km ins nächste Stb, (1 Km, 3 Lm, 2 Stb, 2 Lm, 3 Stb) um den Lm-Bogen, (2 Stb, 2 Lm, 2 Stb) um den Lm-Bogen, 2 Lm, 1 Stb in die zus abgemaschten Stb, 2 Lm, den Lm-Bogen überspr, (2 Stb, 2 Lm, 2 Stb) um den nächsten Lm-Bogen, *(3 Stb, 2 Lm, 3 Stb) um den Lm-Bogen, (2 Stb, 2 Lm, 2 Stb) um den Lm-Bogen, 2 Lm, 1 Stb in die zus abgemaschten Stb, 2 Lm, (2 Stb, 2 Lm, 2 Stb) um den Lm-Bogen, ab * stets wdh, 1 Km in die oberste Anfangs-Lm = 120 Stb, 40 Lm-Bögen.

13. Rd: Je 1 Km in die ersten beiden Stb, (1 Km, 3 Lm, 2 Stb, 2 Lm, 3 Stb) um den Lm-Bogen, (3 Stb, 2 Lm, 3 Stb) um den nächsten Lm-Bogen, 2 Lm, (1 Stb, 2 Lm, 1 Stb) ins nächste Stb, 2 Lm, *je (3 Stb, 2 Lm, 3 Stb) um die nächsten 3 Lm-Bögen, 2 Lm, (1 Stb, 2 Lm, 1 Stb) ins nächste Stb, 2 Lm, ab * stets wdh bis zum letzten Lm-Bogen, um diesen (3 Stb, 2 Lm, 3 Stb) arb, 1 Km in die oberste Anfangs-Lm = 160 Stb, 32 Lm-Bögen.

14. Rd: Je 1 Km in die ersten beiden Stb, (1 Km, 3 Lm, 2 Stb, 2 Lm, 3 Stb) um den Lm-Bogen, (3 Stb, 2 Lm, 3 Stb) um den nächsten Lm-Bogen, 1 Bogen überspr, (2 Stb, 2 Lm, 2 Stb) um den Lm-Bogen, 1 Bogen überspr , *je (3 Stb, 2 Lm, 3 Stb) um die nächsten 3 Lm-Bögen, 1 Bogen überspr, (2 Stb, 2 Lm, 2 Stb) um den nächsten Lm-Bogen, 1 Bogen überspr, ab * stets wdh bis zum letzten Bogen, um diesen (3 Stb, 2 Lm, 3 Stb) arb, 1 Km in die oberste Anfangs-Lm = 176 Stb, 32 Lm-Bögen.

15. Rd: Je 1 Km in die ersten beiden Stb, (1 Km, 3 Lm, 2 Stb, 2 Lm, 3 Stb) um den 1. Lm-Bogen, je (3 Stb, 2 Lm, 3 Stb) in alle Lm-Bögen, 1 Km in die oberste Anfangs-Lm = 192 Stb, 32 Lm-Bögen.

16. Rd: 1 Km ins nächste Stb, 3 Lm, 1 Stb, (1 Stb, 2 Lm, 1 Stb) um den Lm-Bogen, 2 Stb, 2 Stb überspr, 2 Stb, (1 Stb, 2 Lm, 1 Stb) um den Lm-Bogen, 2 Stb, 2 Stb überspr, 2 Stb, (2 Stb, 2 Lm, 2 Stb) um den Lm-Bogen (= 1 Muschel), 2 Stb, 2 Stb überspr, 2 Stb, (1 Stb, 2 Lm, 1 Stb) um den Lm-Bogen, 2 Stb, 2 Stb überspr, *2 x [2 Stb, (1 Stb, 2 Lm, 1 Stb) um den Lm-Bogen, 2 Stb, 2 Stb

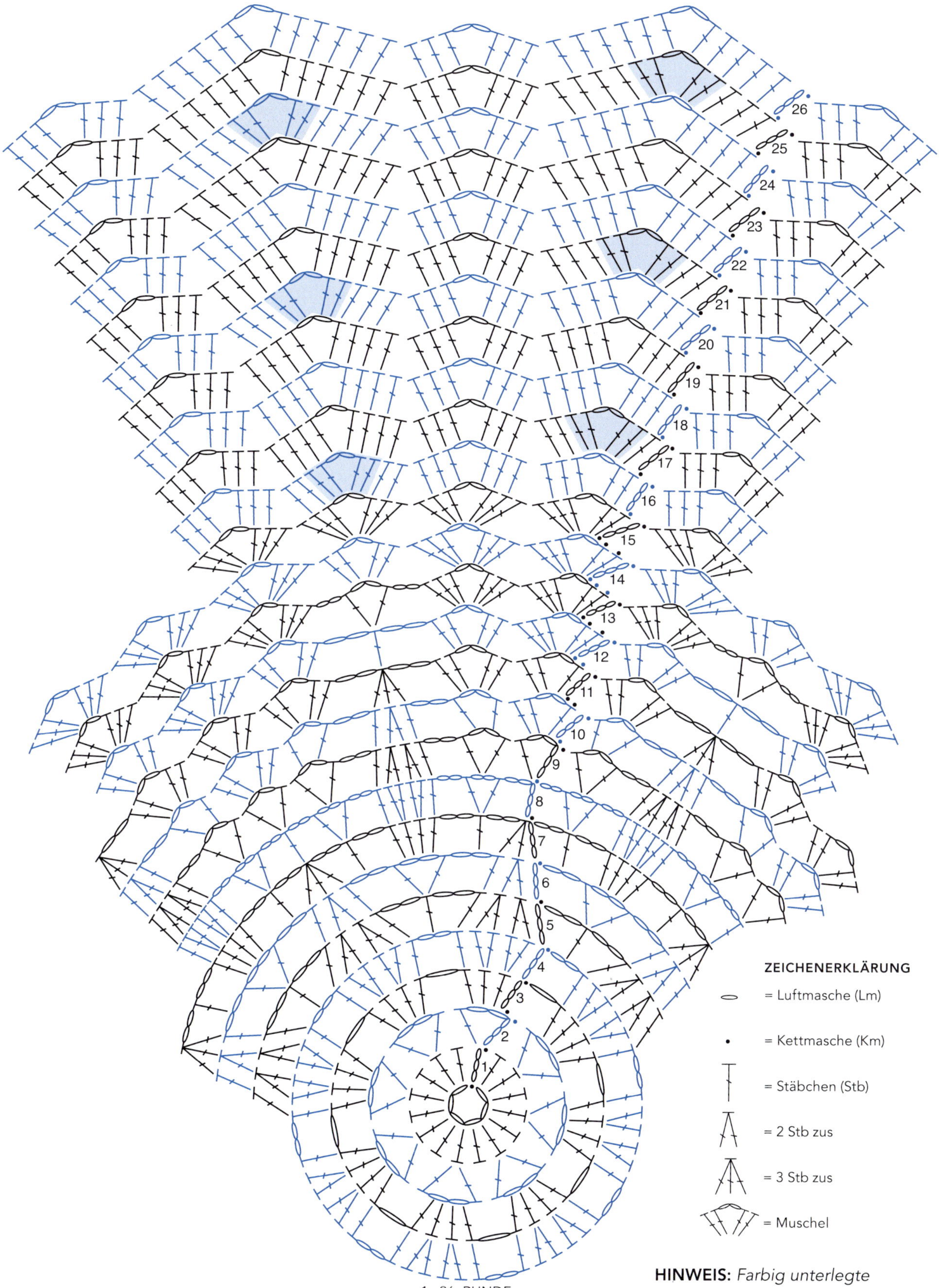

1.–26. RUNDE

ZEICHENERKLÄRUNG

= Luftmasche (Lm)

= Kettmasche (Km)

= Stäbchen (Stb)

= 2 Stb zus

= 3 Stb zus

= Muschel

HINWEIS: *Farbig unterlegte Muscheln sind Zunahmepunkte.*

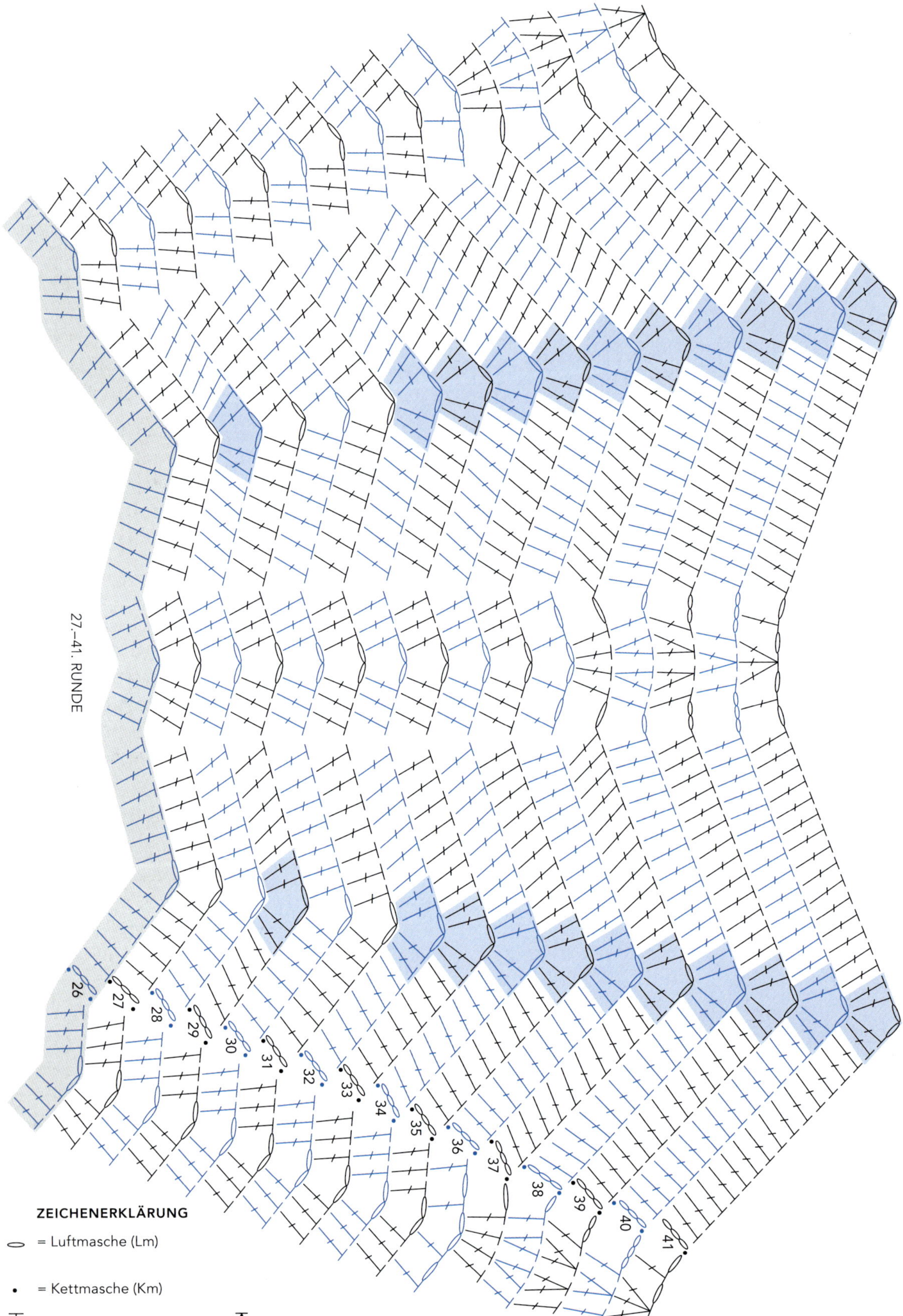

ZEICHENERKLÄRUNG

= Luftmasche (Lm)

= Kettmasche (Km)

= Stäbchen (Stb)

= 2 Stb zus

= 3 Stb zus

= Muschel

HINWEIS: *Farbig unterlegte Muscheln sind Zunahmepunkte.*

überspr], 2 Stb, (2 Stb, 2 Lm, 2 Stb) um den Lm-Bogen (= 1 Muschel), 2 Stb, 2 Stb überspr, 2 Stb, (1 Stb, 2 Lm, 1 Stb) in den Lm-Bogen, 2 Stb, 2 Stb überspr, ab * stets wdh, 1 Km in die oberste Anfangs-Lm = 208 Stb, 32 Lm-Bögen (= 16 Muscheln in Spitzen, 16 Muscheln in Tälern).

MM in Fb A in den Bogen jeder Muschel aus 2 Stb, 2 Lm, 2 Stb in Rd 16 hängen. Im Weiteren stets versetzen.

17. Rd: 1 Km ins nächste Stb, 3 Lm, 1 Stb, (2 Stb, 2 Lm, 2 Stb) um den Lm-Bogen (= Muschel), 2 Stb, 2 Stb überspr, 2 Stb, (1 Stb, 2 Lm, 1 Stb) um den Lm-Bogen, 2 Stb, 2 Stb überspr, 3 Stb, (1 Stb, 2 Lm, 1 Stb) um den Lm-Bogen, 3 Stb, 2 Stb überspr, 2 Stb, (1 Stb, 2 Lm, 1 Stb) um den Lm-Bogen, 2 Stb, 2 Stb überspr, *2 Stb, (2 Stb, 2 Lm, 2 Stb) um den Lm-Bogen (= Muschel), 2 Stb, 2 Stb überspr, 2 Stb, (1 Stb, 2 Lm, 1 Stb) um den Lm-Bogen, 2 Stb, 2 Stb überspr, 3 Stb, (1 Stb, 2 Lm, 1 Stb) um den Lm-Bogen, 3 Stb, 2 Stb überspr, 2 Stb, (1 Stb, 2 Lm, 1 Stb) um den Lm-Bogen, 2 Stb, 2 Stb überspr, ab * stets wdh, 1 Km in die oberste Anfangs-Lm = 224 Stb, 32 Lm-Bögen.

MM in Fb B in den Bogen jeder Muschel aus 2 Stb, 2 Lm, 2 Stb in Rd 17 hängen. Im Weiteren stets versetzen.

18. und 19. Rd (ohne Zunahmen): 1 Km ins nächste Stb, 3 Lm, *je 1 Stb in jedes Stb bis zum nächsten Bogen, (1 Stb, 2 Lm, 1 Stb) um den Lm-Bogen, je 1 Stb in jedes Stb bis zum letzten Stb der Stb-Gruppe (im Tal), 2 Stb überspr (= letztes Stb der 1. Stb-Gruppe und 1. Stb der nächsten), ab * stets wdh, 1 Km in die oberste Anfangs-Lm.

20. Rd: 1 Km ins nächste Stb, 3 Lm, je 1 Stb in alle Stb, dabei die 2 Stb in den Tälern überspr und je (2 Stb, 2 Lm, 2 Stb) um alle Lm-Bögen mit MM A und (1 Stb, 2 Lm, 1 Stb) um alle anderen Lm-Bögen arb, 1 Km in oberste Anfangs-Lm = 240 Stb, 32 Lm-Bögen.

21. Rd: 1 Km ins nächste Stb, 3 Lm, je 1 Stb in alle Stb, dabei die 2 Stb in den Tälern überspr und je (2 Stb, 2 Lm, 2 Stb) um alle Lm-Bögen mit MM B und (1 Stb, 2 Lm, 1 Stb) um alle anderen Bögen arb, 1 Km in die oberste Anfangs-Lm = 256 Stb, 32 Lm-Bögen.

22. und 23. Rd: Die 18. Rd wdh.

24.–31. Rd: Die 20.–23. Rd 2 x wdh = 320 Stb und 32 Lm-Bögen.

32.–35. Rd: 1 Km ins nächste Stb, 3 Lm, je 1 Stb in alle Stb, dabei die 2 Stb in den Tälern überspr und je (2 Stb, 2 Lm, 2 Stb) um alle Bögen mit MM A oder B und (1 Stb, 2 Lm, 1 Stb) um alle anderen Bögen arb, 1 Km in die oberste Anfangs-Lm = 448 Stb, 32 Lm-Bögen.

36. Rd: 1 Km ins nächste Stb, 3 Lm, *je 1 Stb in alle Stb bis zum nächsten Lm-Bogen, (2 Stb, 2 Lm, 2 Stb) um den Lm-Bogen, je 1 Stb in alle Stb bis zum letzten Stb der Gruppe, 2 Stb überspr (im Tal), 1 Stb, 1 Lm, (1 Stb, 2 Lm, 1 Stb) um den Lm-Bogen, 1 Lm, 1 Stb überspr, 1 Stb ins nächste Stb, 2 Stb überspr, ab * stets wdh, 1 Km in die oberste Anfangs-Lm = 448 Stb, 32 Lm-Bögen.

37. Rd: 1 Km ins nächste Stb, 3 Lm, *je 1 Stb in alle Stb bis zum nächsten Lm-Bogen, (2 Stb, 2 Lm, 2 Stb) um den Lm-Bogen, je 1 Stb in alle Stb bis zum letzten Stb der Gruppe, 1 Lm, 3 Stb überspr, 4 Stb um den Bogen, 1 Lm, 3 Stb überspr, ab * stets wdh, 1 Km in die oberste Anfangs-Lm = 480 Stb, 16 Lm-Bögen.

38. Rd: 1 Km ins nächste Stb, 3 Lm, *je 1 Stb in alle Stb bis zum nächsten Lm-Bogen, (2 Stb, 2 Lm, 2 Stb) um den Lm-Bogen, je 1 Stb in alle Stb bis zum letzten Stb der Gruppe, 1 Lm, 1 Stb überspr, 1 Bogen überspr, 1 Stb, je 2 Stb in die nächsten beiden Stb, 1 Stb, 1 Lm, 1 Bogen überspr, 1 Stb überspr, ab * stets wdh, 1 Km in die oberste Anfangs-Lm = 544 Stb, 16 Lm-Bögen.

39. Rd: 1 Km ins nächste Stb, 3 Lm, *je 1 Stb in alle Stb bis zum nächsten Lm-Bogen, (2 Stb, 2 Lm, 2 Stb) um den Bogen, je 1 Stb in alle Stb bis zum letzten Stb der Gruppe, 2 Lm, 1 Stb überspr, 1 Bogen überspr, 1 Stb, 2 x 2 Stb zus, 1 Stb, 2 Lm, 1 Bogen überspr, 1 Stb überspr, ab * stets wdh, 1 Km in die oberste Anfangs-Lm = 544 Stb, 48 Lm-Bögen.

40. Rd: 1 Km ins nächste Stb, 3 Lm, *je 1 Stb in alle Stb bis zum nächsten Lm-Bogen, (2 Stb, 2 Lm, 2 Stb) um den Lm-Bogen, je 1 Stb in alle Stb bis zum letzten Stb der Gruppe, 3 Lm, 1 Stb überspr, 1 Bogen überspr, 1 Stb, 2 Stb zus, 1 Stb, 3 Lm, 1 Bogen überspr, 1 Stb überspr, ab * stets wdh, 1 Km in die oberste Anfangs-Lm = 560 Stb, 16 Bögen aus 2 Lm, 32 Bögen aus 3 Lm.

41. Rd: 1 Km ins nächste Stb, 3 Lm, *je 1 Stb in alle Stb bis zum nächsten Lm-Bogen, (2 Stb, 2 Lm, 2 Stb) um den Lm-Bogen, je 1 Stb in alle Stb, bis zum letzten Stb der Gruppe, 1 Lm, 1 Stb in die mittlere Bogen-Lm, 1 Lm, 3 Stb zus, 1 Lm, 1 Stb in die mittlere Bogen-Lm, 1 Lm, 1 Stb überspr, ab * stets wdh, 1 Km in die oberste Anfangs-Lm = 592 Stb, 16 Lm-Bögen.

Beenden.

Fertigstellung

Fäden vernähen und die Decke spannen, damit das Lochmuster deutlich zutage tritt.

VOGELMOBILE

Eine fröhliche Vogelschar über dem Kinderbett weckt das Interesse des Babys an der Welt. Wählen Sie leuchtende Kontrastfarben, die für den Säugling gut zu erkennen sind, und hängen Sie das Mobile außer Reichweite des Kindes. Die Vorlage eignet sich auch für Kuscheltiere oder Applikationen.

SCHWIERIGKEITSGRAD

Mittel

GRÖSSE	Einheitsgröße
FERTIGER VOGEL	11,5 cm breit, 11 cm hoch
FERTIGES MOBILE	20,5 cm Durchmesser, 40,5 cm lang
GARNVERBRAUCH	402 m

MATERIAL

402 m, Garnstärke Standard dick: je 1 x Classic Elite Yarns *Jil Eaton: Minnow Merino* (100 % Merino extrafein, 84 m/50 g) in Fb 4720 Aqua (A), 4781 Green Grass (B), 4758 Rouge (C) und 4750 Goldie (D) (4)

1 Häkelnadel Nr. 4

1 Häkelnadel Nr. 5 (zur Fertigstellung)

1 Wollnadel

Füllwatte aus Polyester oder Wolle

1 Nähnadel und farblich passendes Nähgarn

1 Ring, 18 cm Durchmesser

1 Haken und Nylonfaden zum Aufhängen

MASCHENPROBE

Für dieses Projekt benötigen Sie keine Maschenprobe. Einen Richtwert geben die Maße des fertigen Vogels.

SO WIRD'S GEMACHT

Vogel (8 Stück arbeiten, 2 pro Farbe)

KÖRPER

Mit einem Fadenring beginnen.

1. R: 3 Lm (zählen jeweils als 1. Stb), 7 Stb in den Ring = 8 Stb.

2. R: Mit 3 Lm wenden, 1 Stb in das 1. Stb, dann in jedes Stb je 2 Stb, 2 Stb in die oberste Wende-Lm = 16 Stb.

3. R: Mit 3 Lm wenden, 2 Stb in das 1. Stb, 7 x [1 Stb, 2 Stb in das nächste Stb] = 24 Stb.

HINWEIS: *Im nächsten Schritt werden die Kanten umhäkelt.*

4. R: Mit 3 Lm wenden, 1 Stb, 2 Stb in das nächste Stb, 6 x [2 Stb, 2 Stb in das nächste Stb], je 2 Stb in die letzten 3 Stb, 1 Lm (nicht wenden!), weiter am Rücken des Vogels: 6 x je 2 fM in die R-Enden, 7. R überspr, 6 Stb in die M zwischen den letzten 2 R, mit 1 Km in das 1. Stb zur Rd schließen = 40 Stb, 12 fM. Faden nicht abschneiden.

KOPF

5. R: Mit 3 Lm wenden, 1 Stb in die Einstichstelle der Verbindungs-Km, je 2 Stb in die nächsten beiden Stb, 1 hStb, 1 fM, 1 Km, die restl M unbehäkelt lassen = 8 M.

Beenden.

FLÜGEL (8 Stück arbeiten, 2 pro Farbe)

Mit einem Fadenring beginnen.

1. R (Rückr): 3 Lm, 5 Stb um den Ring = 6 Stb.

2. R: Mit 3 Lm wenden, 1 Stb in das 1. Stb, je 2 Stb in die nächsten 5 Stb, 1 Lm, ohne zu wenden an der Oberkante weiterarb: je 2 fM in die R-Enden, mit 1 Km in die oberste Wende-Lm zur Rd schließen = 12 Stb, 8 fM.

Beenden, Faden ca. 20 cm lang hängen lassen.

Fertigstellung

HINWEIS: *Da der Unterschied zwischen rechter und linker Arbeitsseite minimal ist, spielt er beim Zusammennähen der Vögel keine Rolle.*

Beim Annähen der Flügel jedoch beachten, dass der Kopf beider Körperteile jeweils in die gleiche Richtung zeigt. Die Anfangsfäden der Flügel vernähen. Mithilfe der Endfäden die Flügeloberkanten wie folgt an die Körperaußenseiten nähen:

Vogel 1: Flügel in Fb A auf Körper in Fb C.

Vogel 2: Flügel in Fb C auf Körper in Fb D.

Vogel 3: Flügel in Fb B auf Körper in Fb A.

Vogel 4: Flügel in Fb D auf Körper in Fb B.

KOPF

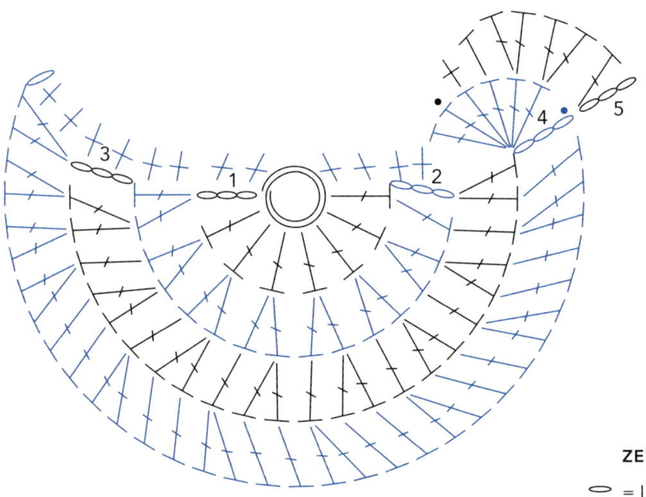

VOGEL

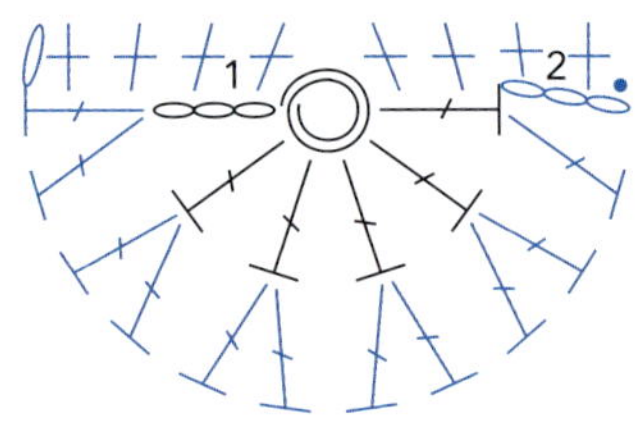

FLÜGEL

ZEICHENERKLÄRUNG

= Luftmasche (Lm)

= Kettmasche (Km)

= feste Masche (fM)

= halbes Stäbchen (hStb)

= Stäbchen (Stb)

= Fadenring

Die Lm-Ketten sollen sich in der Höhe überkreuzen, zum jetzigen Zeitpunkt lassen sie sich am Ring jedoch frei verschieben. Um sie gleichmäßig verteilt zu fixieren, wird der Ring mit Km umhäkelt.

Dafür mit einer Anfangsschlinge in Fb C und der kleineren Nd beginnen. Den Ring senkrecht im Schoß halten. Das Garn liegt hinter dem Ring, die Nd davor. 1 U durch die Anfangsschlinge ziehen, *oberhalb (außerhalb) des Rings 1 U aufgreifen und durch die Schlinge auf der Nd ziehen, unterhalb (innerhalb) des Rings 1 U aufgreifen und durch die Schlinge auf der Nd ziehen*, von * bis * 49 x wdh, **Nd beiseite legen, die Schlinge und das Garn an der Befestigungs-M des nächsten Vogels vorbeiführen, Nd wieder einhängen, von * bis * 50 x wdh**, von ** bis ** noch 2 x wdh. Beenden und Fäden vernähen.

Mobile am Kreuzungspunkt der Lm-Ketten an einem Haken oder einem Nylonfaden aufhängen.

ZUSAMMENNÄHEN

2 Körperteile eines Vogels mit den Flügeln nach außen zusammenlegen. Mittig an der Unterkante Garn in der Flügelfarbe ansetzen, 1 Lm arb, dann die Außenkante mit fM umhäkeln, dabei jeweils in beide Teile einstechen, an Schnabel und Schwanz je 3 fM in die Eck-M arb. Eine Öffnung von ca. 7,5 cm zum Ausstopfen lassen. Nach dem Ausstopfen die Öffnung mit fM schließen, die letzte fM mit 1 Km mit dem Anfang verbinden.

MOBILE-AUFHÄNGUNG

Mit der größeren Nd und doppeltem Faden arb, Fb A mit 1 Km mittig an der Oberkante von Vogel 1 anschlingen, 20 Lm, den Aufhängering vor den Faden legen, 1 Lm um den Ring häkeln, 31 Lm, 1 Lm an der gegenüberliegenden Seite um den Ring, 19 Lm, mit 1 Km mittig Vogel 2 anhäkeln. Beenden.

Mit der größeren Nd und doppeltem Faden arb, Fb A mit 1 Km mittig an der Oberkante von Vogel 3 anschlingen, 35 Lm, 1 Lm um den Ring, 15 Lm, in die 16. Lm der Lm-Kette zwischen Vogel 1 und 2 einstechen, 1 Km, 15 Lm, 1 Lm an der gegenüberliegenden Seite um den Ring, 34 Lm, mit 1 Km mittig Vogel 4 anhäkeln. Beenden.

variante

Das Garn ersetzen durch *Minnow Merino* in Fb 4756 Lilac und 4702 Icy Citrine.

Gefilzter Spielteppich

Dieser Teppich aus Jumbogarn und einfachen festen Maschen ist das ideale Probestück für alle Einsteiger, die das Häkeln in Runden und den Farbwechsel ausprobieren wollen. Nach dem Häkeln wird der Teppich einfach in die Waschmaschine gesteckt und gefilzt. Beim Filzen geht er ein und kleinere Unregelmäßigkeiten verschwinden von selbst.

SCHWIERIGKEITSGRAD

Leicht

GRÖSSE	Einheitsgröße
FERTIGER TEPPICH (Durchmesser)	109 cm vor dem Filzen, 89 cm danach
FARBEN A UND D	je 239 m
FARBEN B UND C	je 120 m

MATERIAL

560 m, 100 % Filzwolle, Garnstärke superdick:
6 x Brown Sheep Company *Burly Spun* (100 % Wolle, 121 m/226 g), je 2 x Fb 110 Orange You Glad (A) und Fb 79 Blue Boy (D), je 1 x Fb 78 Aztec Turquoise (B) und Fb 120 Limeade (C) (6)

HINWEIS: *Nur 100%ige, reine Wolle bzw. spezielle Filzwolle verwenden. Superwash-Wolle ist ungeeignet. Um sicherzugehen, dass sich ein Garn eignet, eine Häkelprobe filzen.*

1 Häkelnadel Nr. 10 *(ggf. entsprechend Maschenprobe anpassen)*

Maschenmarkierer (MM) in 2 Fb

1 Wollnadel

(Toplader-) Waschmaschine, flüssiges Geschirrspülmittel, alte Jeans (für den Filzprozess)

MASCHENPROBE

Die ersten 5 Rd = 12 cm Durchmesser

SO WIRD'S GEMACHT

HINWEISE: *Es wird spiralförmig gearbeitet, ohne die Rd-Übergänge zu verbinden oder am Rd-Ende zu wenden.*

Zur Orientierung das Rd-Ende stets mit einem MM kennzeichnen, diesen während der Arbeit versetzen.

Mit einem Fadenring in Fb A beginnen.

1. Rd (Hinr): 1 Lm, 6 fM um den Ring = 6 fM.

2. Rd: Je 2 fM in jede fM der Vor-Rd = 12 fM.

3. Rd: 6 x [1 fM, 2 fM in die nächste fM (= 1 Zunahme)] = 18 fM.

4. Rd: 6 x [2 fM, 2 fM in die nächste fM] = 24 fM.

5. Rd: 6 x [3 fM, 2 fM in die nächste fM] = 30 fM.

6. Rd: 6 x [4 fM, 2 fM in die nächste fM, MM in die zuletzt gehäkelte M einhängen] = 36 fM.

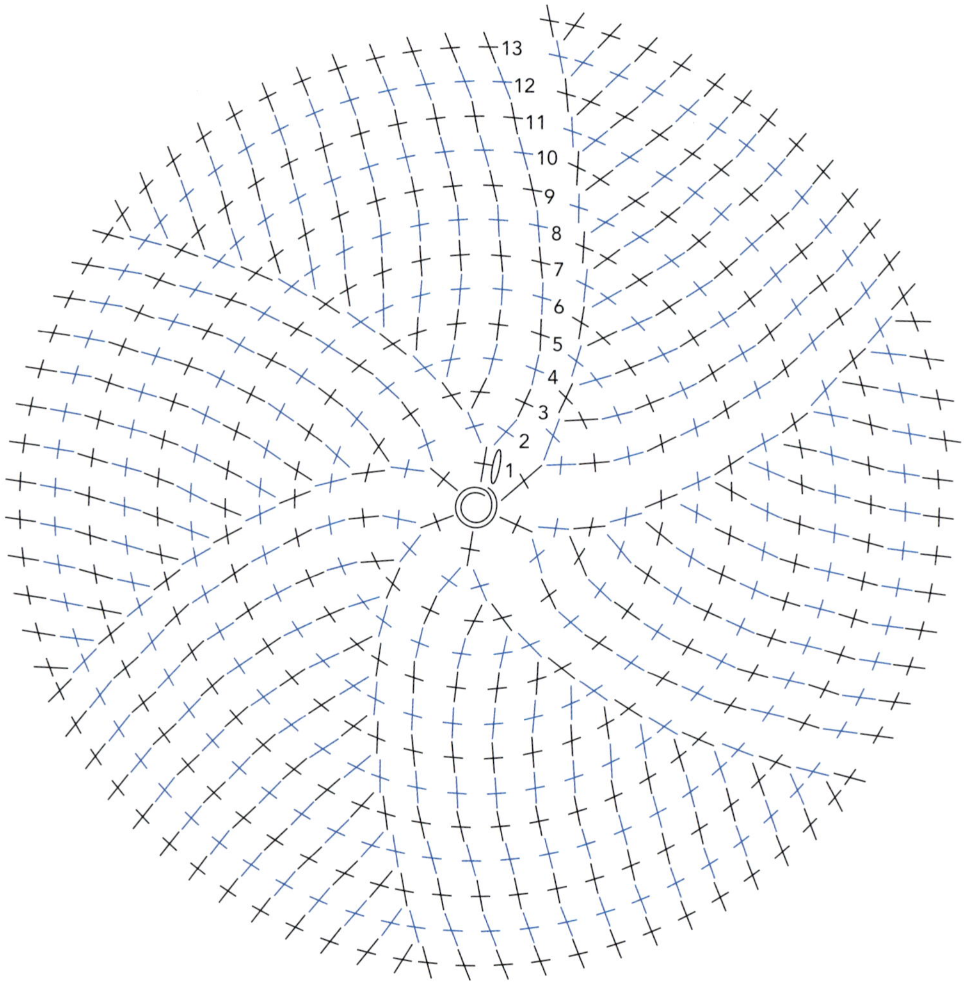

1.–13. RUNDE

ZEICHENERKLÄRUNG

⬭ = Luftmasche (Lm)

+ = feste Masche (fM)

◎ = Fadenring

FILZEN IN DER WASCHMASCHINE

Die Waschmaschine auf Kochwäsche stellen und einen Teelöffel flüssiges Geschirrspülmittel einfüllen. Wenn das Wasser eingelaufen ist, den Teppich mit mehreren alten Jeans in die Trommel legen und den Waschgang fortsetzen. Kurz vor Ende des Waschgangs den Teppich prüfen. Wenn er stark genug verfilzt ist, Maschine auf Kaltspülen stellen und zu Ende laufen lassen. Soll der Teppich stärker verfilzen, den Kochwaschgang so oft durchlaufen lassen wie nötig. Dann den Teppich in ein Handtuch wickeln, das Wasser herausdrücken und den Teppich ausbreiten. An Ecken und Kanten gleichmäßig mit Stecknadeln feststecken und trocknen lassen, was einige Tage dauern kann.

HINWEIS: *Damit der Teppich nicht weiter verfilzt, später nur von Hand in kaltem Wasser waschen.*

Weiter in Rd, dabei je 2 fM in die M mit MM häkeln. Den MM während der Arbeit versetzen und jeweils in die 2. fM aller Zunahmen einhängen. Zur besseren Orientierung am Rd-Übergang einen MM in einer anderen Fb verwenden. Die Farbwechsel wie folgt vornehmen, dabei die neue Fb bereits für den letzten U der letzten M vor dem eigentlichen Farbwechsel verwenden.

7.–12. Rd: Fb A

13.–16. Rd: Fb B

17.–18. Rd: Fb C

19.–26. Rd: Fb D

27. Rd: Fb B

28.–35. Rd: Fb A

36.–38. Rd: Fb C

39.–45. Rd: Fb B

Beenden. Fäden vernähen.

variante

Das Garn ersetzen durch Brown Sheep Company *Burly Spun* in Fb 59 Periwinkle (A), 120 Limeade, 78 Aztec Turquoise und 62 Amethyst.

3

Kinder-kleider

ringelpulli

Dieser Klassiker ist fix gehäkelt, denn er besteht nur aus Stäbchen und der Schnitt ist ganz gerade. Damit sich der Halsausschnitt problemlos über den Kopf des Kindes ziehen lässt, können Sie an der Schulter zwei Knöpfe anbringen. Der Farbwechsel bei nur drei Farben ist einfach. Wer's noch einfacher mag, kann den Pulli auch in einer einzigen Farbe arbeiten.

SCHWIERIGKEITSGRAD

Leicht

GRÖSSEN	0–6 Monate	6–12 Monate	12–18 Monate	2 Jahre	3 Jahre
BRUST-UMFANG	51 cm	56 cm	61 cm	63,5 cm	66 cm
LÄNGE	28 cm	30,5 cm	33 cm	37 cm	39,5 cm
FARBE A	142 m	160 m	183 m	210 m	219 m
FARBEN B UND C (jeweils)	114 m	128 m	146 m	169 m	178 m

MATERIAL

370 (416, 475, 549, 572) m, Garnstärke fein: 3 (4, 6, 6, 6) x Tahki Yarns *Cotton Classic Lite* (100 % merzerisierte Baumwolle, 135 m/50 g), 1 (2, 2, 2, 2) x Fb 4870 Dark Bright Blue (A) und je 1 (1, 2, 2, 2) x Fb 4001 White (B) und 4402 Dark Orange (C) (2)

1 Häkelnadel Nr. 3,75 *(ggf. entsprechend Maschenprobe anpassen)*

1 Wollnadel

ggf. 2 Fischknöpfe, 15 mm Durchmesser

1 Nähnadel und Nähgarn

Maschenmarkierer (MM)

MASCHENPROBE

18 M und 7 R = 10 x 7,5 cm im Stb-Muster

STREIFENMUSTER

*1 R in Fb A, 1 R in Fb B, 1 R in Fb C, ab * stets wdh.

SO WIRD'S GEMACHT

HINWEIS: *Den Farbwechsel am Reihenende vornehmen. Dafür den letzten Umschlag der letzten Masche bereits mit dem neuen Garn arbeiten. Die gerade nicht verwendeten Farben an der Seite mitführen.*

Rückenteil

48 (52, 56, 58, 60) M in Fb A anschl.

1. R (Hinr): 1 Stb in die 4. Lm ab Nd (Anfangs-Lm zählen als 1. Stb), weiter mit Stb = 46 (50, 54, 56, 58) Stb.

2. R: Mit Fb B 3 Lm (zählen als 1. Stb), wenden, weiter mit Stb.

3. R: Mit Fb C 2. R wdh.

4.–26. (28., 30., 34., 36.) R: 2. R wdh, Farbfolge stets von vorn wdh.

Beenden.

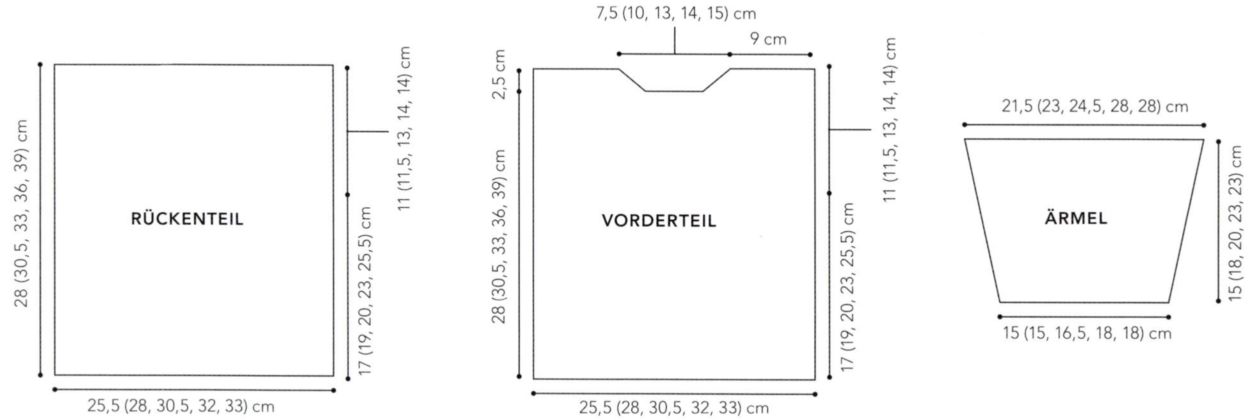

Vorderteil

Wie Rückenteil bis einschl 24. (26., 28., 32., 34.) R.

1. SCHULTER- UND AUSSCHNITTRUNDUNG

1. R (Hinr): Mit 3 Lm wenden, 15 Stb, 1 hStb, 1 fM, die restl M unbehäkelt lassen (für Halsausschnitt und 2. Schulter) = 16 Stb, 1 hStb, 1 fM. Beenden.

2. R (Rückr): Wenden, die ersten beiden M überspr, Garn gemäß Farbfolge mit 1 fM am 1. Stb anschlingen, 1 hStb, weiter mit Stb = 1 fM, 1 hStb, 14 Stb. Beenden.

2. SCHULTER- UND AUSSCHNITTRUNDUNG

1. R (Hinr): Die unbehäkelten 10 (14, 18, 20, 22) M nach der ersten Ausschnittkante auslassen, an der folg M Garn anschlingen, 1 Lm, 1 fM zurück in die Garn-Anschlussstelle, 1 hStb, je 1 Stb in die restl M = 1 fM, 1 hStb, 16 Stb.

2. R (Rückr): Mit 3 Lm wenden, 13 Stb, 1 hStb, 1 fM, die letzten 2 M unbehäkelt lassen = 14 Stb, 1 hStb, 1 fM. Beenden.

Ärmel (2 x arbeiten)

30, (30, 32, 34, 34) M in Fb A anschl.

1. R (Hinr): 1 Stb in die 4. Lm ab Nd und in jede Lm bis R-Ende = 28 (28, 30, 32, 32) Stb.

2.–4. (4., 3., 3., 3.) R: Mit 3 Lm wenden, weiter mit Stb.

ÄRMELSCHRÄGUNG

5. (5., 4., 4., 4.) R: Mit 3 Lm wenden, 1 Stb in das 1. Stb (= 1 Zunahme), je 1 Stb in alle Stb bis zum letzten Stb, 2 Stb ins letzte Stb (= 1 Zunahme) = 30 (30, 32, 34, 34) Stb.

6. (6., 5., 5., 5.) R: 2. R wdh.

7. (7., 6., 6., 6.)–14. (16., 19., 21., 21.) R: 5. und 6. R noch 4 (5, 7, 8, 8) x wdh = 38 (40, 46, 50, 50) Stb.

Beenden.

Fertigstellung

HALSAUSSCHNITT

HINWEIS: *Für einen Pulli ohne Knöpfe beide Schulternähte schließen, den Halsausschnitt gleichmäßig mit festen Maschen umhäkeln und beenden. Für einen Pulli mit Knöpfen wie folgt vorgehen:*

Die rechte Schulternaht schließen.

1. Rd: An der 1. M der offenen linken Schulternaht Garn A anschlingen, 1 Lm, je 1 fM in die ersten 4 Stb, 2 x [2 Lm, 2 Stb überspr, 2 fM] (= 2 Knopflöcher], 1 Stb, 1 fM, weiter gleichmäßig mit fM Halsausschnitt vorn und hinten sowie hintere Schulterkante behäkeln. Beenden.

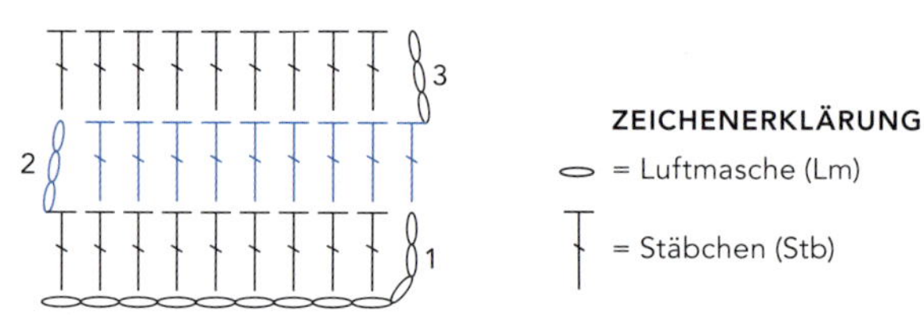

MUSTERAUSSCHNITT

FERTIGSTELLUNG

Passend zu den Knopflöchern 2 Knöpfe an die rückwärtige Schulternaht nähen. Vorder- und Rückenteil zusammenknöpfen und flach ausbreiten. An den Seitenkanten 11 (11,5, 12, 14, 14) cm ab den Schulternähten an Vorder- und Rückenteil je einen Maschenmarkierer setzen. Die Mitte der Ärmeloberkante kennzeichnen. Die Ärmel rechts auf rechts auf den Pullover legen, dabei die Ecken der Ärmeloberkanten an die Maschenmarkierer und die Mitte an die entsprechende Schulternaht anlegen. Ärmel- und Pulloverkanten bündig ausrichten und mit Kettmaschen zusammenhäkeln. Pulli und Ärmel rechts auf rechts zusammenfalten, Ärmel- und Seitennähte schließen. Pulli auf rechts wenden.

ÄRMELBÜNDCHEN

Garn A an der Ärmelnaht anschlingen, 1 Lm, weiter mit fM, mit 1 Km in die 1. fM die Rd schließen. Beenden. Am 2. Ärmel wdh.

TAILLENBÜNDCHEN

Garn A am Ende der Seitennaht anschlingen, 1 Lm, weiter mit fM um die gesamte Unterkante, mit 1 Km in die 1. fM die Rd schließen. Beenden.

Fäden vernähen.

variante

Das Garn ersetzen durch Tahki Yarns *Cotton Classic Lite* in Fb 4458 Hot Pink (A), 4532 Pale Lemon (B) und 4449 Bubblegum Pink (C).

Blümchenkleid

Sehr feines Garn ist ideal für luftige Sommersachen. Aufgestickte Margeriten und eine Schleife setzen verspielte Akzente und machen aus diesem Kleid ein Lieblingsstück, das auch über einem Rock, einem Unterkleid oder weiten Hosen getragen werden kann. Ob es für besondere Anlässe oder für jeden Tag gehäkelt wurde – dieses Stück wird sicherlich weitervererbt!

SCHWIERIGKEITSGRAD

Mittel

GRÖSSEN	0–6 Monate	6–12 Monate	12–18 Monate	2–3 Jahre	3–4 Jahre
BRUST-UMFANG	51 cm	56 cm	61 cm	65 cm	68,5 cm
LÄNGE	38,5 cm	43 cm	45,5 cm	49,5 cm	56 cm
HAUPT-GARN	512 m	558 m	594 m	663 m	686 m
DETAIL-GARN	kleine Mengen in 3 verschiedenen Farben				

MATERIAL

512 (558, 594, 663, 686) m Sockenwolle: 3 (3, 3, 4, 4) x Brown Sheep Company *Cotton Fine* (80 % Baumwolle, 20 % Wolle, 204 m/50 g), 3 (3, 3, 4, 4) x Fb CF900 Perry's Primrose für Kleid; kleine Mengen Fb CF210 Tea Rose, CF100 Cotton Ball und CF345 Gold Dust für Stickerei 1

HINWEIS: *Für die Stickerei kann auch Stickgarn verwendet werden.*

1 Häkelnadel Nr. 3,25 *(ggf. entsprechend Maschenprobe anpassen)*

1 Häkelnadel Nr. 3,5

1 Wollnadel

3 Knöpfe, 9 mm Durchmesser

1 Nähnadel und Nähgarn

1,5 m Satinband, 9 mm Breite

MASCHENPROBE

21⅓ M und 14 R = 10 x 10 cm im hStb-Muster mit Häkel-Nd Nr. 3,25

SO WIRD'S GEMACHT

HINWEIS: *Das Oberteil von der Taille aufwärts arbeiten, dann den Rock von der Unterkante der Taille bis zur unteren Kante häkeln.*

Oberteil (2 x arbeiten)

56 (60, 66, 70, 74) M mit der kleineren Nd anschl.

1. R (Hinr): 1 hStb in die 3. Lm ab Nd (Anfangs-Lm zählen nicht als M), weiter mit hStb = 54 (58, 64, 68, 72) hStb.

2.–4. (6., 6., 8., 10.) R: 2 Lm (zählen nicht als M), wenden, weiter mit hStb.

ARMAUSSCHNITTE

1. R: Wenden, Km in die ersten 0 (0, 0, 1, 2) hStb, 2 Lm, 2 hStb zus, weiter mit hStb bis zu den letzten 2 (2, 2, 3, 4) M, 2 hStb zus, restl M unbearb lassen = 52 (56, 62, 64, 66) hStb.

2.–7. R: Mit 2 Lm wenden, 2 hStb zus, weiter mit hStb bis zu den letzten 2 M, 2 hStb zus = 40 (44, 50, 52, 54) hStb.

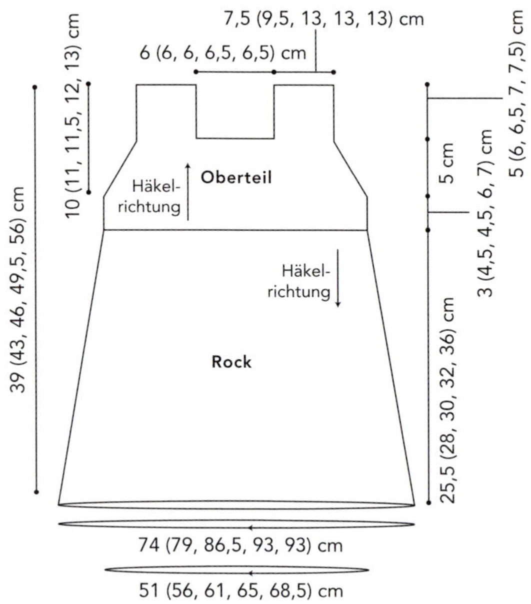

1. SCHULTER UND AUSSCHNITT

8. R: Mit 2 Lm wenden, 12 (12, 12, 13, 14) hStb, restl M unbehäkelt lassen (= 2. Schulter- und Ausschnittrundung) = 12 (12, 12, 13, 14) hStb.

9.–14. (15., 16., 16., 17.) R: Mit 2 Lm wenden, weiter mit hStb.

Beenden.

2. SCHULTER UND AUSSCHNITT

Nächste 16 (20, 26, 26, 26) unbehäkelten M nach der 1. Schulter überspr und an der nächsten M neu anschlingen.

8. R: 2 Lm, 1 hStb zurück in die Garn-Anschlussstelle, weiter hStb bis Ende = 12 (12, 12, 13, 14) hStb.

9.–14. (15., 16., 16., 17.) R: Mit 2 Lm wenden, weiter mit hStb.

Beenden. Seitennähte am Oberteil schließen.

Rock

HINWEIS: *Der Rock wird von der Unterkante des Oberteils abwärts in Runden gearbeitet. Am Rundenanfang wird daher nicht gewendet.*

Garn mit der kleineren Nadel am unteren Ende der Oberteilseitennaht anschlingen.

1. Rd: 2 Lm, gleichmäßig verteilt 108 (116, 128, 136, 144) hStb in die Unterkante des Oberteils arb = 108 (116, 128, 136, 144) hStb. Zur größeren Nd wechseln.

2. Rd: 4 Lm (zählen als 1 Stb + 1 Lm), 1 Stb zurück in die Anschluss-M (= 1. Stb-2er-Gruppe), 1 hStb überspr, *(1 Stb, 1 Lm, 1 Stb) ins nächste hStb (= 1 Stb-2er-Gruppe), 1 hStb überspr, ab * stets wdh, 1 Km in die 3. Anfangs-Lm = 54 (58, 64, 68, 72) Stb-2er-Gruppen.

3. Rd: (1 Km, 3 Lm, 2 Stb) um den 1. Lm-Bogen, je 3 Stb um alle Lm-Bögen, 1 Km in die oberste Anfangs-Lm = 54 (58, 64, 68, 72) Stb-3er-Gruppen.

4. Rd: (1 Km, 2 Lm, 1 Stb) ins nächste Stb (= Mittel-M der 3er-Gruppe), 2 Stb überspr, weiter je 1 Stb-2er-Gruppe in die Mittel-M jeder 3er-Gruppe, 1 Km in die 3. Anfangs-Lm.

5. Rd: Wie 3. Rd.

6.–23. (25., 27., 29., 33.) Rd: Noch 9 (10, 11, 12, 14) x die letzten 2 Rd wdh.

24. (26., 28., 30., 34.) Rd: *(1 Stb, 2 Lm, 1 Km, 2 Lm, 2 Stb, 2 Lm, 1 Km, 2 Lm, 1 Stb) zwischen die nächsten beiden Stb-3er-Gruppen arb, 1 Km zwischen die nächsten beiden Stb-3er-Gruppen (= halbe Blüte), ab * stets wdh, 1 Km in die Anfangs-Lm der Vor-Rd = 27 (29, 32, 34, 36) halbe Blüten.

Beenden.

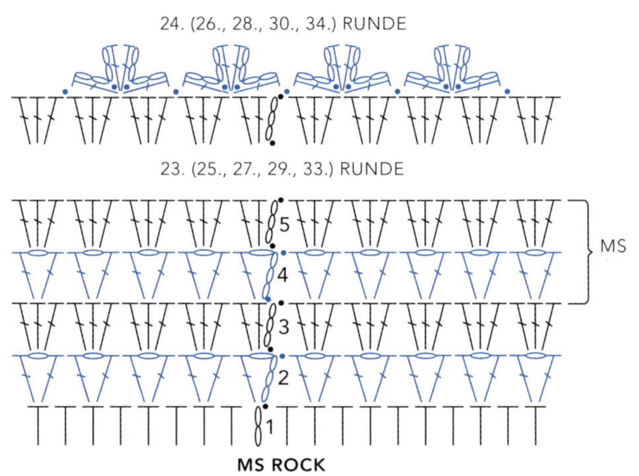

ZEICHENERKLÄRUNG

= Luftmasche (Lm)

= Kettmasche (Km)

= halbes Stäbchen (hStb)

= Stäbchen (Stb)

KANTEN ARMAUSSCHNITT LINKS, SCHULTER UND AUSSCHNITT

Die Vorderseite des Kleides bestimmen und die Mitte des Oberteils mit MM kennzeichnen. Die rechte Schulternaht schließen. Die linke Schulternaht bleibt offen und wird später mit Knöpfen geschlossen, damit das Kleid leichter an- und ausgezogen werden kann. Mit der dünneren Nd Garn an der hinteren oberen Ecke des linken Armausschnitts (an der offenen Schulter) anschlingen.

1. Rd: 1 Lm, fM gleichmäßig um Armausschnitt, Schulter vorn, Halsausschnitt und Schulter hinten arb, dabei je 2 fM in die Außenecken der Schulter häkeln, mit 1 Km in die 1. fM schließen.

2. Rd: Nur um den Armausschnitt und die Schulter vorn: *4 Lm, 1 fM überspr, 1 Km in die nächste fM, ab * wdh.

HINWEIS: *Die Luftmaschenbögen vorn an der Schulter dienen als Knopfschlingen.*

Beenden.

ARMAUSSCHNITTKANTE RECHTS

Mit der dünneren Nd Garn an der Schulternaht des rechten Armausschnitts anschlingen.

1. Rd: 1 Lm, weiter fM um den Armausschnitt arb, mit 1 Km in die 1. fM schließen.

2. Rd: *4 Lm, 1 fM überspr, 1 Km in die nächste fM, ab * stets wdh.

Beenden.

Fertigstellung

Fäden vernähen. Entsprechend den 3 Knopfschlingen 3 kleine Knöpfe an die linke hintere Schulter nähen. Mit farblich abgesetztem Rest- oder Stickgarn das Kleidoberteil im Margeritenstich besticken (Anleitung rechts).

Ein Band ab der vorderen Mitte durch die Stb-2er-Gruppen aus der 2. Runde des Rocks ziehen. Zur Schleife binden.

TIPP Das glatte Oberteil eignet sich für viele Verzierungen, z. B. bieten sich selbst entworfene Stickmotive, ein Monogramm, Häkel- oder Stoffblüten an.

SO GEHT'S: MARGERITENSTICH

Den Faden mit der Wollnadel zunächst auf der Rückseite des Oberteils ein kurzes Stück durch die Maschen einziehen, das Ende lang hängen lassen, um es später zu vernähen. Die Nadel von unten durch die Blütenmitte ausstechen, Faden durchziehen. (a) An der Ausstichsstelle Nadel einstechen und ca. 15 mm davon entfernt ausstechen. Vor dem Durchziehen des Fadens eine Schlaufe unter die Nadelspitze legen = 1 Blütenblatt. Faden durchziehen. (b) Um die Schlaufe herumstechen, d. h. knapp außerhalb des Blütenblatts wieder einstechen und die Schlaufe befestigen. Für jede Blume mindestens 5 Blütenblätter sticken. Fäden vernähen.

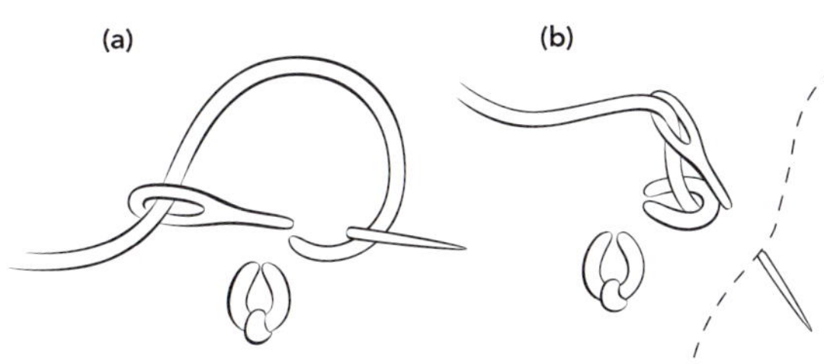

Krabbelstulpen

Auch wenn sie etwas nach 80er-Jahren aussehen, sind Stulpen extrem praktisch für kleine Kinder! Als hübsche, wärmende Alternative zu Hosen sind sie beim Windelnwechseln oder Aufs-Töpfchen-Gehen nicht im Weg. Und bei den ersten Krabbelversuchen polstern sie wunderbar. Wenn Sie Sockenwollreste verarbeiten, ergibt sich ein recht wildes Bild, in Unifarben gearbeitet sind die Stulpen vielseitig kombinierbar.

SCHWIERIGKEITSGRAD

Mittel

GRÖSSEN	6–12 Monate	12–18 Monate	2 Jahre
UMFANG	20,5 cm	21,5 cm	23 cm
LÄNGE	21,5 cm	23,5 cm	25,5 cm
FARBE A	110 m	147 m	174 m
FARBE B	110 m	147 m	174 m

MATERIAL

220 (294, 348) m Sockenwolle: 1 x Knit Picks *Stroll Hand Painted Sock Yarn* (75 % Merino Superwash, 25 % Polyamid, 424 m/100 g), Fb Playtime (A). 1 x Knit Picks *Stroll Sock Yarn* (75 % Merino Superwash, 25 % Polyamid, 212 m/50 g), Fb Buckskin (B) (1)

1 Häkelnadel Nr. 3,25 *(ggf. entsprechend Maschenprobe anpassen)*

1 Wollnadel

ggf. 2 Knöpfe, 13 mm Durchmesser

MASCHENPROBE

22 M und 16 R = 10 x 10 cm im EFM-Muster

BESONDERE TECHNIKEN

Anschlag mit Stäbchenkette (Stb-Kette): Sondermaschen, Seite 151

Erweiterte feste Maschen (EFM): Einstechen, 1 U durchholen. 1 U auffassen und durch 1 Schlinge auf der Nd ziehen, 1 U und durch die restl 2 Schlingen ziehen.

Abnahme mit erweiterten festen Maschen (EFM-Abnahme): 2 x (einstechen, U durchholen), die letzte Schlinge durch die 2. Schlinge auf der Nd ziehen. U auffassen und durch die restl 2 Schlingen auf der Nd ziehen.

SO WIRD'S GEMACHT

HINWEIS: *Die Stulpen werden in verbundenen Runden von oben nach unten gehäkelt. Am Rundenanfang wird daher nicht gewendet. Die Farben wechseln sich regelmäßig ab. Die alte Farbe wird nicht abgeschnitten, sondern auf der linken Seite (der Innenseite) mitgeführt. Für nahtlose Farbübergänge den letzten Umschlag der letzten Masche bereits in der neuen Farbe arbeiten, bevor die Runde mit der folgenden verbunden wird.*

Stulpe (2 x arbeiten)

1. Rd (Hinr): Mit B 44 (46, 50) M mit Stb-Kette anschl, mit 1 Km in das 1. Stb zur Rd schließen = 44 (46, 50) M.

2.–4. Rd: 2 Lm (zählen nicht als M), *1 RStbv, 1 RStbh, ab * stets wdh, mit 1 Km in das 1. RStbv verbinden. Fb A an der Einstichstelle der letzten Km anschlingen.

5. und 6. Rd: Mit A 2 Lm (zählen jeweils als 1. EFM), weiter mit EFM, 1 Km in die oberste Anfangs-Lm.

7. Rd: 5. Rd mit B wdh.

8.–25. (28., 31.) Rd: Die letzten 3 Rd 6 (7, 8) x wdh.

26. (29., 32.) und 27. (30., 33.) Rd: 5. und 6. Rd wdh.

28. (31., 34.) Rd: Mit B 2 Lm, 8 (10, 7) EFM, *1 EFM-Abnahme, 9 (9, 8) EFM, ab * stets wdh, 1 EFM-Abnahme, 1 Km in die oberste Anfangs-Lm = 40 (42, 45) M.

29. (32., 35.)–31. (34., 37.) Rd: 5.–7. Rd wdh.

32. (35., 38.) und 33. (36., 39.) Rd: 5. und 6. Rd wdh.

34. (37., 40.) Rd (Abnahme-Rd): Mit B 2 Lm, 7 (9, 6) EFM, *1 EFM-Abnahme, 8 (8,7) EFM, ab * stets wdh, 1 EFM-Abnahme, 1 Km in die oberste Anfangs-Lm = 36 (38, 40) M.

35. (38., 41.)–37. (40., 43.) Rd: 5.–7. Rd wdh.

38. (41., 44.) Rd: Mit A 2 Lm (zählen nicht als M), *1 RStbv, 1 RStbh, ab * stets wdh, mit 1 Km in das 1. RStbv verbinden.

Beenden.

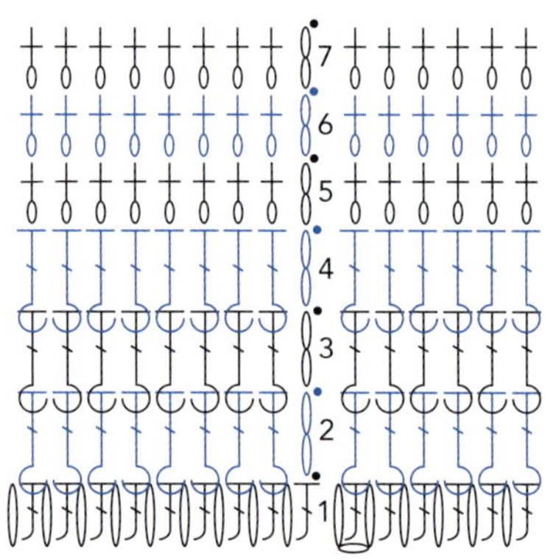

MUSTERAUSSCHNITT

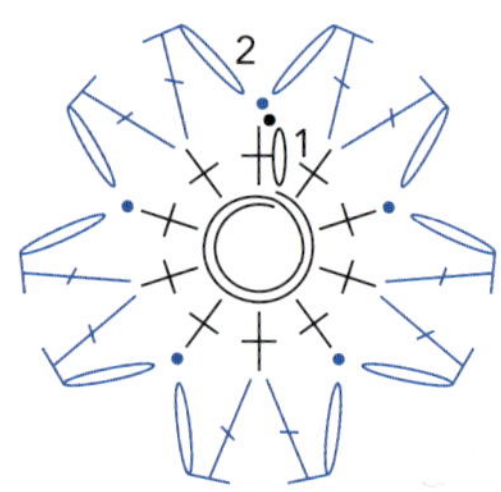

HÄKELBLÜTE

ZEICHENERKLÄRUNG

= Luftmasche (Lm)

= Kettmasche (Km)

= feste Masche (fM)

= erweiterte feste Masche (EFM)

= Anschlag mit Stäbchenkette (Stb-Kette)

= Stäbchen (Stb)

= Reliefstäbchen von vorn (RStbv)

= Reliefstäbchen von hinten (RStbh)

= Fadenring

Häkelblüte (wenn gewünscht, 2 x arbeiten)

Mit einem Fadenring in Fb A beginnen.

1. Rd (Vorderseite): 1 Lm, 10 fM um den Ring, 1 Km in die 1. fM = 10 fM.

2. Rd: 1 Lm, 2 Stb in die nächste fM, 4 x [1 Lm, 1 Km, 1 Lm, 2 Stb in die nächste fM], 1 Lm, 1 Km in die 1. fM der Vor-Rd = 5 Blütenblätter.

Beenden.

Fertigstellung

An beiden Stulpen die Enden der Stb-Kette zusammennähen. Die Stulpen mit der Nahtlinie mittig legen. Eine Blüte und (wenn gewünscht) einen Knopf gegenüber der Naht an die Oberkante nähen. Fäden vernähen.

TIPP So passen Sie die Stulpen individuell an: Die Länge lässt sich ändern, indem man vor der Abnahmerunde das Streifenmuster weiter fortsetzt (2 Runden entsprechen 1,25 cm). Für die Weite den gewünschten Umfang mit 2,2 (der Maschenzahl pro Zentimeter entsprechend der Maschenprobe) multiplizieren und mit der ermittelten Maschenzahl die Stäbchenkette anschlagen. Wenn nötig, können Sie die Zahl auf eine gerade Zahl abrunden, um im Muster zu bleiben.

Kuscheljacke

Eine traditionelle Wolljacke gehört in jeden Kinderschrank, besonders wenn sie so niedlich aussieht. Origineller Blickfang sind die konturierten Taschen und die großen Knöpfe. Weil die Jacke so einfach gemacht ist, kann man sich leicht andere Varianten einfallen lassen: z. B. mit bestickter Passe, mit einem anderen Streifenmuster oder mit Rüschenkante – und im Handumdrehen ist der Kleiderschrank voll!

SCHWIERIGKEITSGRAD

Leicht

GRÖSSEN	0–6 Monate	6–12 Monate	1–2 Jahre	3–4 Jahre
BRUST-UMFANG	52 cm	58,5 cm	63,5 cm	70 cm
LÄNGE	28 cm	30,5 cm	32,5 cm	36 cm
FARBE A	238 m	284 m	330 m	393 m
FARBEN B UND C jeweils	41 m	50 m	60 m	78 m

MATERIAL

343 (384, 448, 549) m, Garnstärke Standard dick: 5 (5, 6, 7) x Berroco *Pure Merino Heather* (100 % Merinowolle, 85 m/50 g), 3 (4, 4, 5) x Fb 8613 Winter Chocolate (A), je 1 (1, 1, 1) x Fb 8619 Mowbray Beige (B) und 8611 Pesto Genovese (C) (4)

1 Häkelnadel Nr. 5 *(ggf. entsprechend Maschenprobe anpassen)*

1 Wollnadel

5 (5, 5, 6) Knöpfe, 19 mm Durchmesser

MASCHENPROBE

14 M und 10 R = 10 x 10 cm im hStb-Muster

14 M und 8 R = 10 x 10 cm im Stb-Muster

SO WIRD'S GEMACHT

HINWEIS: *Die Jacke wird in Reihen von oben nach unten gearbeitet. In den Größen 0–6 Monate und 1–2 Jahre ist die 2. Reihe die Hinreihe, in den Größen 6–12 Monate und 3–4 Jahre ist die 1. Reihe die Hinreihe.*

Passe

46 (49, 55, 58) Lm in Fb A anschl.

1. R: 1 fM in die 2. Lm ab Nd, 1 fM in die nächste M, 2 fM in die nächste M, 14 (15, 17, 18) x [2 fM, 2 fM in die nächste M] = 60 (64, 72, 76) fM.

2. R: 2 Lm (zählen jeweils als hStb), wenden, 8 (9, 10, 11) hStb, (1 hStb, 1 Lm, 1 hStb) in die nächste fM, 10 (10, 12, 12) hStb, (1 hStb, 1 Lm, 1 hStb) in die nächste fM, 18 (20, 22, 24) hStb, (1 hStb, 1 Lm, 1 hStb) in die nächste fM, 10 (10, 12, 12) hStb, (1 hStb, 1 Lm, 1 hStb) in die nächste fM, 9 (10, 11, 12) hStb, dabei in der letzten M Fb B anschlingen = 64 (68, 76, 80) hStb.

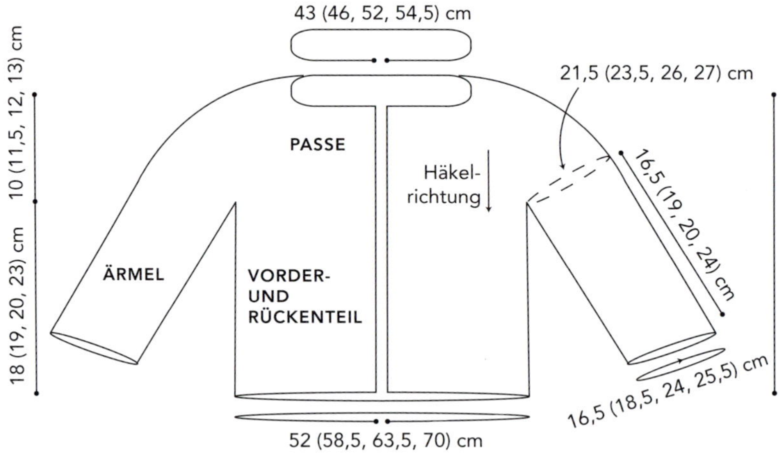

3. R: 2 Lm (zählen jeweils als hStb), wenden, *hStb bis zum nächsten Lm-Bogen, (1 hStb, 1 Lm, 1 hStb) in den Bogen, ab * noch 3 x wdh, weiter hStb bis Ende, dabei in der letzten M Fb C anschlingen = 72 (76, 84, 88) hStb.

4. R: 3. R wdh, in der letzten M Fb A anschlingen = 80 (84, 92, 96) hStb.

5. R: 3. R wdh, in der letzten M Fb B anschlingen = 88 (92, 100, 104) hStb.

6. R: 3. R wdh, in der letzten M Fb C anschlingen = 96 (100, 108, 112) hStb.

7. R: 3. R wdh, in der letzten M Fb A anschlingen = 104 (108, 116, 120) hStb. C abschneiden.

8. R: 3. R wdh, in der letzten M Fb B anschlingen = 112 (116, 124, 128) hStb.

9. R: 3. R wdh, in der letzten M Fb A anschlingen = 120 (124, 132, 136) hStb. B abschneiden.

10. R: 3. R wdh = 128 (132, 140, 144) hStb.

Nur Größen 6–12 Monate (1–2 Jahre, 3–4 Jahre)

11. R: 3. R wdh = 140 (148, 152) hStb.

Nur Größen 1–2 Jahre (3–4 Jahre)

12. R: 3. R wdh = 156 (160) hStb.

Nur Größe 3–4 Jahre

13. R: 3. R wdh = 168 hStb.

ARBEIT TEILEN (alle Größen)

1. R (Rückr): Mit A 3 Lm anschl (zählen jeweils als 1 Stb), wenden, *Stb arb bis zum letzten hStb vor dem nächsten Lm-Bogen, über dem nächsten hStb und Lm-Bogen 2 Stb zus, die nächsten 28 (30, 34, 36) hStb unbehäkelt lassen (= Armloch), über dem nächsten Lm-Bogen und hStb 2 Stb zus*, weiter Stb arb bis zum letzten hStb vor dem nächsten Lm-Bogen, von * bis * wdh, dann mit Stb zu Ende häkeln = 72 (80, 88, 96) Stb.

2.–14. (15., 16., 18.) R: Mit 3 Lm wenden, weiter Stb arb.

Beenden.

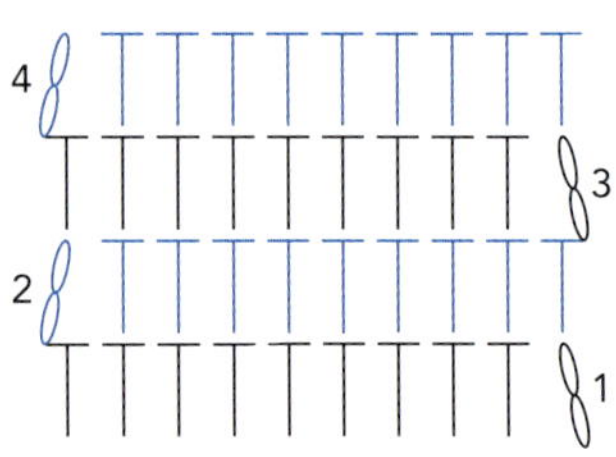

PASSENMUSTER (AUSSCHNITT)

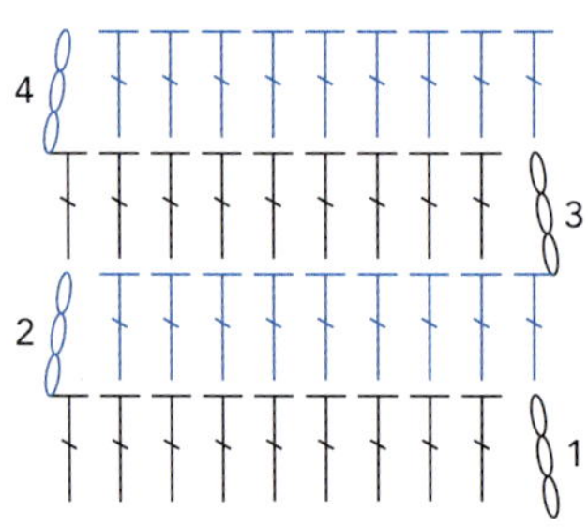

JACKENMUSTER (AUSSCHNITT)

ZEICHENERKLÄRUNG

= Luftmasche (Lm)

= halbes Stäbchen (hStb)

= Stäbchen (Stb)

Ärmel (alle Größen)

HINWEIS: *Obwohl die Ärmel rund gearbeitet werden, zu Beginn jeder Runde wenden, damit die Hin- und Rückreihen mit denen am Vorder- und Rückenteil übereinstimmen.*

1. Rd (Hinr): Fb A am Lm-Bogen am Unterarm anschlingen, 3 Lm, 1 Stb in den nächsten Lm-Bogen, weiter mit Stb, mit 1 Km in die oberste Anfangs-Lm enden = 30 (32, 36, 38) Stb.

2.–4. Rd: Mit 3 Lm wenden, weiter mit Stb arb, mit 1 Km in die oberste Anfangs-Lm zur Rd verbinden.

5. Rd: Mit 3 Lm wenden, 7 Stb, 2 Stb zus, 2 x [8 Stb, 2 Stb zus], 0 (2, 6, 8) Stb, 1 Km in die oberste Anfangs-Lm = 27 (29, 33, 35) Stb.

6. und 9. Rd: 2. Rd wdh.

10. Rd: Mit 3 Lm wenden, 3 Stb, 2 Stb zus, 3 (3, 4, 4) x [4 Stb, 2 Stb zus], 3 (5, 3, 5) Stb, 1 Km in die oberste Anfangs-Lm = 23 (25, 28, 30) Stb.

11.–13. (15., 16., 19.) Rd: 2. Rd wdh, in der letzten M der letzten R zu Fb B wechseln.

14. (16., 17., 20.) Rd: 1 Lm, weiter mit fM, mit 1 Km in die 1. fM zur Rd verbinden.

Beenden.

Taschen (2 x arbeiten)

12, (12, 14, 16) M in Fb A anschl.

1. R (Rückr): 1 Stb in die 4. Lm ab Nd und in jede Lm bis R-Ende = 10 (10, 12, 14) Stb.

2.–5. (5., 5., 7.) R: Mit 3 Lm wenden, weiter mit Stb.

6. (6., 6., 8.) R: Wenden, 2 Stb überspr, 3 Stb in das nächste Stb, weiter mit Stb bis zu den letzten beiden Stb, 3 Stb in das vorletzte Stb, 1 Km in das letzte Stb = 10 (10, 12, 14) Stb.

Kante (Hinr): Nicht wenden, 1 Lm, mit fM gleichmäßig um Seiten-, Ober- und 2. Seitenkante arb, an der 2. Seitenkante vor der letzten R enden, 1 Km in das 1. Stb der 6. R. Beenden.

Fertigstellung

KNOPFLOCHBLENDE

Mit der rechten Arbeitsseite nach oben A in der Ecke des linken Vorderteils (für Jungen) bzw. des rechten Vorderteils (für Mädchen) anschlingen.

1. R: 1 Lm, dann 40 (42, 46, 50) fM gleichmäßig in die Vorderkante arb = 40 (42, 46, 50) fM.

2. R: 1 Lm, wenden, 3 (4, 4, 4) fM, mit 2 Lm 2 fM überspr (= Knopfloch), *6 (6, 7, 6) fM, mit 2 Lm 2 fM überspr, ab * noch 3 (3, 3, 4) x wdh, 3 (4, 4, 4) fM = 30 (32, 36, 38) fM und 5 (5, 5, 6) Knopflöcher.

3. R: 1 Lm, wenden, fM in alle fM und Lm = 40 (42, 46, 50) fM.

Beenden.

KNOPFBLENDE

Mit der rechten Arbeitsseite nach oben A in der Ecke des rechten Vorderteils (für Jungen) bzw. des linken Vorderteils (für Mädchen) anschlingen.

1. R: 1 Lm, dann 40 (42, 46, 50) fM gleichmäßig in die Vorderkante arb = 40 (42, 46, 50) fM.

Beenden.

TASCHENKANTE

Taschen auf dem Vorderteil feststecken. Mit B und 1 R Km Seiten und Unterkante der Tasche umhäkeln, dabei in Tasche und Pulli einstechen (siehe Aufhäkeln, Seite 153). Garn ca. 50 cm lang abschneiden und zur Oberseite der Jacke (aber nicht durch die Tasche) ziehen. Auch die Oberkante der Tasche mit Km umhäkeln.

TAILLENBÜNDCHEN

B an der unteren Ecke der Vorderkante zum Umhäkeln der Unterkante ansetzen.

1. Rd: 1 Lm, die Unterkante gleichmäßig mit fM umhäkeln, dann Vorderkante, Halsausschnitt und 2. Vorderkante gleichmäßig mit Km umhäkeln, mit 1 Km in die 1. fM die Rd schließen. Beenden.

Knöpfe gegenüber den Knopflöchern annähen.

Fäden vernähen.

Pullunder

Dieser Pullunder gehört zu den Basics. Er wird quer in zwei Teilen mit falschem Rippenmuster gearbeitet. Das Rippenbündchen besteht aus unifarbenen Reliefstäbchen. Der Clou ist, dass man für den gesamten Pullunder kaum mehr Garn als für ein Paar Socken braucht. Sockenwolle ist dünn, aber strapazierfähig: eine hervorragende Wahl für Kinderkleidung!

SCHWIERIGKEITSGRAD

Mittel

GRÖSSEN	0–6 Monate	6–12 Monate	12–18 Monate	2 Jahre	3–4 Jahre
BRUST-UMFANG	49,5 cm	56 cm	61 cm	63,5 cm	68,5 cm
LÄNGE (inkl. Bündchen)	28,5 cm	30,5 cm	33 cm	33,5 cm	36 cm
FARBE A	394 m	394 m	394 m	591 m	591 m
FARBE B	91 m	91 m	91 m	119 m	119 m

MATERIAL

486 (486, 486, 711, 711) m Strumpfwolle: 3 (3, 3, 4, 4) x Lorna's Laces *Shepherd Sock* (80 % Superwash-Wolle, 20 % Polyamid, 197 m/57 g), 2 (2, 2, 3, 3) x Fb Franklin's Panopticon (A), 1 (1, 1, 1, 1) x Fb 36NS Chocolate (B) (1)

1 Häkelnadel Nr. 3,25 *(ggf. entsprechend Maschenprobe anpassen)*

1 Wollnadel

MASCHENPROBE

22,5 M und 13,5 R = 10 x 10 cm im MS

MUSTERSATZ

Abwechselnde R von hStb und Stb: M-Zahl kann gerade oder ungerade sein.

1. R (Hinr): 1 Stb in die 4. Lm ab Nd (Anfangs-Lm zählen als 1. Stb), weiter mit Stb.

2. R: Mit 2 Lm (zählen nicht als M) wenden, hStbh bis R-Ende.

3. R: Mit 3 Lm (zählen jeweils als 1. Stb) wenden, weiter mit Stb.

Für den MS 2. und 3. R stets wdh.

BESONDERE TECHNIKEN

Reliefstäbchen von vorn (RStbv), Reliefstäbchen von hinten (RStbh), Anschlag mit Stäbchenkette (Stb-Kette): Sondermaschen, Seiten 151 und 152.

hStbh: Halbe Stäbchen in das jeweils hintere Maschenglied der Vorreihe arbeiten.

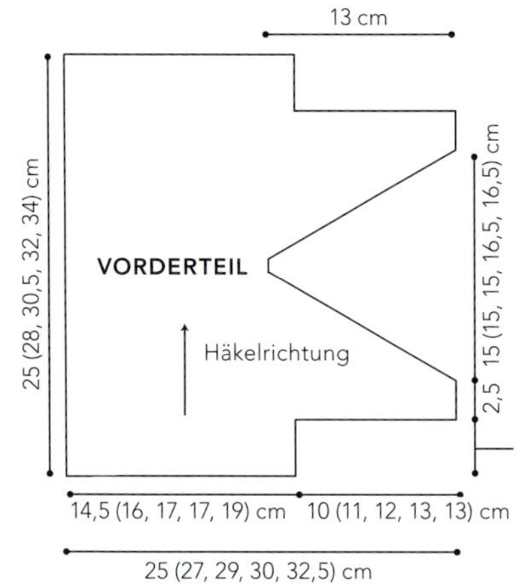

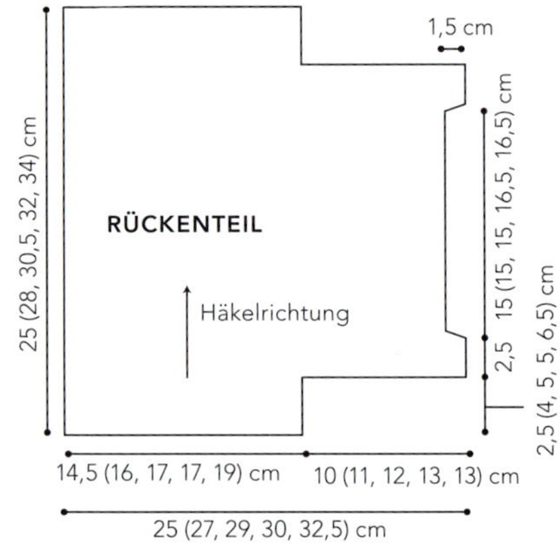

SO WIRD'S GEMACHT

HINWEIS: *Die Reihen an Vorder- und Rückenteil verlaufen längs, d. h., die Teile werden quer von einer Seitenkante zur anderen gearbeitet.*

Vorderteil

34, (36, 40, 40, 44) M in Fb A anschl.

1. R (Rückr): 1 Stb in die 4. Lm ab Nd (Anfangs-Lm zählen als 1. Stb), weiter mit Stb = 32 (34, 38, 38, 42) Stb.

2. R (Hinr): Mit 2 Lm (zählen nicht als M) wenden, hStbh.

3. R: Mit 3 Lm (zählen jeweils als 1. Stb) wenden, weiter mit Stb.

Die letzten 2 R noch 0 (1, 2, 2, 3) x wdh.

4. (6., 8., 8., 10.) R: 24 (26, 28, 30, 32) Lm, wenden, 1 hStb in 3. Lm ab Nd, dann je 1 hStb in alle Lm, dann je 1 hStbh in alle Stb = 54 (58, 64, 66, 72) hStb.

5. (7., 9., 9., 11.) R: Mit 3 Lm wenden, Stb bis Ende.

6. (8., 10., 10., 12.) R: Mit 2 Lm wenden, hStbh bis Ende.

HALSAUSSCHNITT

7. (9., 11., 11., 13.) R: Mit 3 Lm wenden, Stb bis zu den letzten 3 hStb, diese 3 M unbehäkelt lassen = 51 (55, 61, 63, 69) Stb.

8. (10., 12., 12., 14.) R: Wenden, 4 Km, 2 Lm, 1 hStbh in die Einstichstelle der letzten Km, hStb bis Ende = 48 (52, 58, 60, 66) hStb.

9. (11., 13., 13., 15.) R: 7. (9., 11., 11., 13.) R wdh = 45 (49, 55, 57, 63) Stb.

10. (12., 14., 14., 16.)–13. (15., 17., 17., 19.) R: 8. (10., 12., 12., 14.) und 9. (11., 13., 13., 15.) R 2 x wdh = 33 (37, 43, 45, 51) Stb.

14. (16., 18., 18., 20.) R: 8. (10., 12., 12., 14.) R wdh = 30 (34, 40, 42, 48) Stb.

15. (17., 19., 19., 21.) R: Mit 3 Lm wenden, Stb bis zu den letzten 2 hStb, diese 2 M unbehäkelt lassen = 28 (32, 38, 40, 46) Stb.

16. (18., 20., 20., 22.) R: Wenden, 3 Km, 2 Lm, 1 hStbh in die Einstichstelle der letzten Km, hStb bis Ende = 26 (30, 36, 38, 44) hStb.

17. (19., 21., 21., 23.) R: Mit 3 Lm wenden, Stb bis zum letzten hStb, diese M unbehäkelt lassen = 25 (29, 35, 37, 43) Stb.

Nur Größen 2–3 Jahre (3–4 Jahre)

22. (24.) R: Mit 2 Lm wenden, hStb bis Ende.

23. (25.) R: Mit 2 Lm wenden, Stb bis Ende.

Alle Größen

18. (20., 22., 24., 26.) R: Mit 3 Lm wenden, 1 hStb in die 3. Lm ab Nd, dann hStbh bis Ende = 26 (30, 36, 38, 44) hStb.

19. (21., 23., 25., 27.) R: Mit 3 Lm wenden, je 1 Stb in alle hStb, 2 M Stb-Kette = 28 (32, 38, 40, 46) Stb.

20. (22., 24., 26., 28.) R: Mit 4 Lm wenden, 1 hStb in 3. Lm ab Nd und in die nächste Lm, dann hStbh bis Ende = 30 (34, 40, 42, 48) hStb.

21. (23., 25., 27., 29.) R: Mit 3 Lm wenden, je 1 Stb in alle hStb, 3 M Stb-Kette = 33 (37, 43, 45, 51) M.

22. (24., 26., 28., 30.) R: Mit 5 Lm wenden, 1 hStb in die 3. Lm ab Nd und in die nächsten 2 Lm, dann hStbh bis Ende = 36 (40, 46, 48, 54) hStb.

23. (25., 27., 29., 31.)–28. (30., 32., 34., 36.) R: Die letzten 2 R 3 x wdh = 54 (58, 64, 66, 72) M.

29. (31., 33., 35., 37.) R: Mit 3 Lm wenden, Stb bis Ende.

30. (32., 34., 36., 38.) R: Mit 2 Lm wenden, hStb bis Ende.

31. (33., 35., 37., 39.) R: Mit 3 Lm wenden, 31 (33, 37, 37, 41) Stb, die restl M unbehäkelt lassen = 32 (34, 38, 38, 42) Stb.

32. (34., 36., 38., 40.) R: Mit 2 Lm wenden, hStb bis Ende.

33. (35., 37., 39., 41.) R: Mit 3 Lm wenden, Stb bis Ende.

Die letzten 2 R noch 0 (1, 2, 2, 3) x wdh.

Beenden.

Rückenteil

Bis 8. (10., 12., 12., 14.) R wie Vorderteil = 48 (52, 58, 60, 66) hStb.

9. (11., 13., 13., 15.) R: Mit 3 Lm wenden, Stb bis Ende.

10. (12., 14., 14., 16.) R: Mit 2 Lm wenden, hStbh bis Ende.

11. (13., 15., 15., 17.)–26. (28., 30., 32., 34.) R: Die letzten 2 R noch 8 (8, 8, 10, 10) x wdh.

27. (29., 31., 33., 35.) R: Mit 3 Lm wenden, je 1 Stb in alle hStb, 3 M Stb-Kette = 51 (55, 61, 63, 69) M.

28. (30., 32., 34., 36.) R: Mit 5 Lm wenden, 1 hStb in 3. Lm ab Nd und in die nächsten 2 Lm, dann hStbh bis Ende = 54 (58, 64, 66, 72) M.

29. (31., 33., 35., 37.) R: Mit 3 Lm wenden, Stb bis Ende.

30. (32., 34., 36., 38.) R: Mit 2 Lm wenden, hStb bis Ende.

31. (33., 35., 37., 39.) R: Mit 3 Lm wenden, 31 (33, 37, 37, 41) Stb, die restl M unbehäkelt lassen = 32 (34, 38, 38, 42) Stb.

32. (34., 36., 38., 40.) R: Mit 2 Lm wenden, hStb bis Ende.

33. (35., 37., 39., 41.) R: Mit 3 Lm wenden, Stb bis Ende.

Die letzten 2 R noch 0 (1, 2, 2, 3) x wdh.

Beenden.

Fertigstellung

Schulter- und Seitennähte schließen.

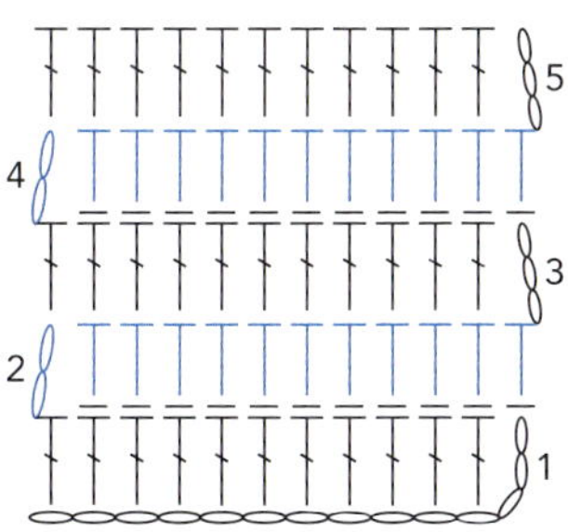

MUSTERAUSSCHNITT
ABWECHSELNDE REIHEN HSTB/STB

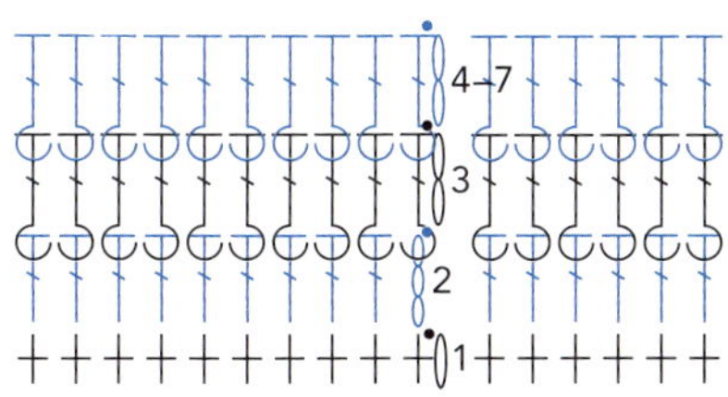

TAILLENBÜNDCHEN

ZEICHENERKLÄRUNG

= Luftmasche (Lm)

= Kettmasche (Km)

= feste Masche (fM)

= halbes Stäbchen (hStb)

= Stäbchen (Stb)

= Reliefstäbchen von vorn (RStbv)

= Reliefstäbchen von hinten (RStbh)

= ins hintere Maschenglied

HALSBLENDE

1. Rd: Arbeit auf rechts legen, A mit 1 Lm mittig am rückwärtigen Halsausschnitt ansetzen, den Ausschnitt gleichmäßig mit fM umhäkeln, dabei je 1 fM in das Ende einer hStb-R und 2 fM in das Ende einer Stb-R arb, dann je 1 fM in alle unbehäkelten fM häkeln, die linke Ausschnittschräge mit Km umhäkeln, dabei die letzte fM jeder R überspr, 1 fM in alle unbehäkelten fM, die rechte Ausschnittschräge mit Km umhäkeln, dabei die 1. fM jeder R überspr, mit 1 Km in die 1. fM zur Rd schließen. Beenden.

2. Rd: B an der Einstichstelle der Km anschlingen, 3 Lm, je 1 Stb in alle fM bis zu den 2 M vor der Mittel-M des Halsausschnitts vorn, 2 x 2 Stb zus, je 1 Stb in alle restl fM, 1 Km in die oberste Anfangs-Lm. Beenden.

ARMAUSSCHNITTRÄNDER

1. Rd: Mit der rechten Arbeitsseite nach vorn A an der Unterarmnaht anschlingen, 1 Lm, fM gleichmäßig um die Armlochkante arb, mit 1 Km in die 1. fM enden. Beenden.

2. Rd: Mit der rechten Arbeitsseite nach vorn B an der Einstichstelle der Km anschlingen, 3 Lm, je 1 Stb in alle fM, 1 Km in die oberste Anfangs-Lm. Beenden.

TAILLENBÜNDCHEN

1. Rd: Mit der rechten Arbeitsseite nach vorn A mittig an der Unterkante des Rückens anschlingen, 1 Lm, fM gleichmäßig um die Kante arb bis zu einer geraden M-Zahl, 1 Km in die 1. fM. Beenden.

2. Rd: Mit der rechten Arbeitsseite nach vorn B an der Einstichstelle der Km anschlingen, 3 Lm, je 1 Stb in alle fM, 1 Km in die oberste Anfangs-Lm.

3. Rd: 2 Lm (zählen nicht als M), *1 RStbv, 1 RStbh, ab * stets wdh, mit 1 Km in das 1. RStbv verbinden.

4.–7. Rd: 2 Lm, *1 RStbv, 1 RStbh, ab * stets wdh, mit 1 Km in das 1. RStbv verbinden.

Beenden. Fäden vernähen.

TIPP Heben Sie Garnreste auf. Wenn das Kind aus dem Pullunder herausgewachsen ist, können Sie die Weste ganz einfach mit einigen Zusatzreihen am Bund verlängern.

ERDBEERZEIT – ERDBEERKLEID

Das ärmellose Sommerkleid besteht aus einem Häkeloberteil und einem Stoffunterteil. Für die Häkelmotive können Sie so viele Farben verwenden, wie Sie möchten – der Garnverbrauch pro Motiv ist sehr gering. Die Quadrate werden sofort aneinandergehäkelt: So geht keines verloren und das Zusammennähen am Ende bleibt Ihnen erspart.

SCHWIERIGKEITSGRAD

Mittel

GRÖSSEN	3–9 Monate	12–24 Monate	3–4 Jahre
UMFANG	53,5 cm	61 cm	68,5 cm
LÄNGE	43 cm	45,5 cm	51 cm
FARBE A	92 m	100 m	156 m
FARBEN B, C UND D	je 27 m	je 32 m	je 46 m

MATERIAL

187 (197, 283) m, Garnstärke fein: 4 (4, 5) x Debbie Bliss *Baby Cashmerino* (55 % Merinowolle, 33 % Mikrofaser, 12 % Kaschmir, 126 m/50 g), 1 (1, 2) x Fb 26 Sea Foam (A) und je 1 x Fb 2 Spring Grass (B), Fb 7 Magenta (C) und Fb 6 Pink (D) (2)

1 Häkelnadel Nr. 3,25 (für die Motive) *(ggf. entsprechend Maschenprobe anpassen)*

1 Häkelnadel Nr. 3,75 (für den Rand)

1 Wollnadel

50 (50, 75) cm Baumwollstoff (für Kleidunterteil)

1 herzförmiger Knopf, 15 mm Durchmesser

1 großer Bogen gerastertes Schnittmuster- oder Packpapier (für Kleidunterteil)

1 Lineal

1 Nähmaschine (wenn vorhanden)

1 Nähnadel und Nähgarn

1 Bügeleisen

MASCHENPROBE

1 fertiger Block = 3,8 x 3,8 cm

BESONDERE TECHNIKEN

Brückenmasche (BM): Mit der Schlinge des aktuell gearbeiteten Motivs auf der Nd 1 Lm um den entsprechenden 3er-Lm-Bogen des Nachbarmotivs häkeln, dann das ursprüngliche Motiv fortsetzen.

HINWEIS: *Die Buchstaben in den Quadraten geben die Farbe für die 1. Runde an.*

Größe 3–9 Monate (= 30 Motive)

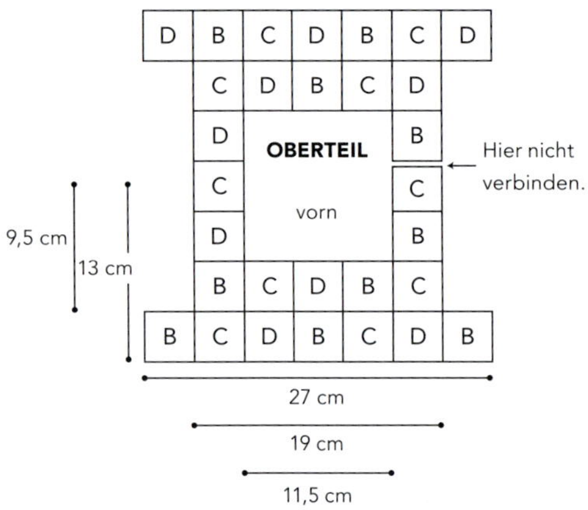

Größe 12–24 Monate (= 36 Motive)

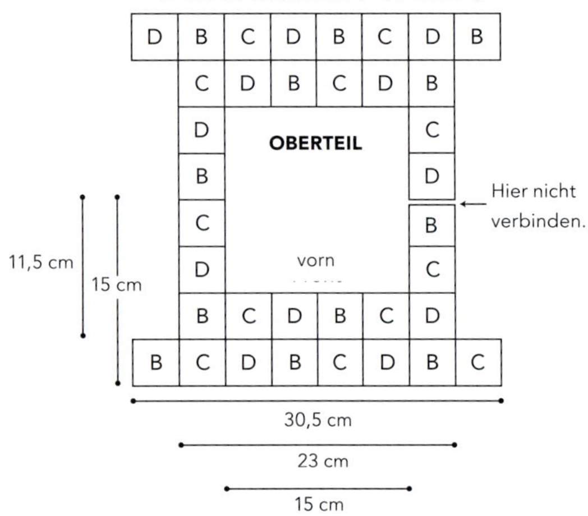

Größe 3–4 Jahre (= 52 Motive)

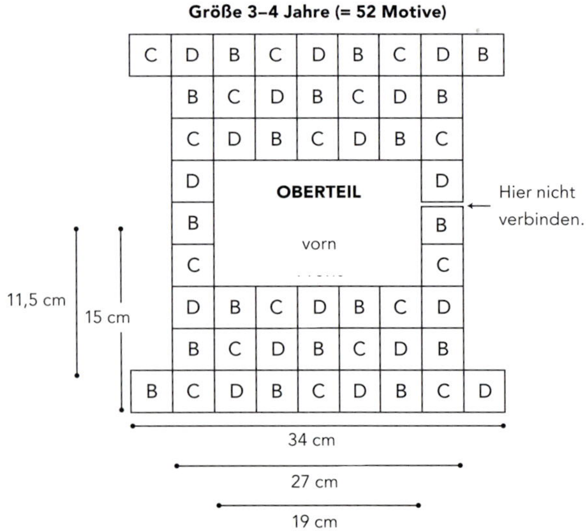

SO WIRD'S GEMACHT

Oberteil

HINWEIS: *Das Oberteil besteht aus Musterquadraten, die in der 2. Runde aneinandergehäkelt werden. Die Diagramme geben Anzahl und Anordnung der Motive an.*

1. MOTIV

Mit kleinerer Nd und B, C oder D Fadenring knüpfen.

1. Rd (Vorderseite): 3 Lm (zählen jeweils als 1 Stb), 2 Stb in den Ring, 1 Lm, 3 x [3 Stb in den Ring, 1 Lm], 1 Km in die oberste Anfangs-Lm = 12 Stb. Beenden.

2. Rd: A mit 1 Km an einen Lm-Bogen anschlingen, 1 Lm, (1 fM, 3 Lm, 1 fM) um denselben Bogen (= Ecke), 3 Lm, 3 Stb überspr, *(1 fM, 3 Lm, 1 fM) um den nächsten Bogen (= Ecke), 3 Lm, 3 Stb überspr, ab * noch 2 x wdh, 1 Km in die 1. fM = 8 Lm-Bögen.

NÄCHSTES MOTIV (29 [35, 51] x arbeiten)

HINWEIS: *Insgesamt (inkl. 1. Motiv) werden 30 (36, 52) Motive benötigt, davon 10 (12, 18) in Farbe B und je 10 (12, 17) in Farbe C und D in der 1. Runde.*

1. Rd: Wie für 1. Motiv. Lage und Farbe des anschließenden Motivs siehe Diagramm. Je nachdem, ob 2 Motive an 1 oder 2 Kanten verbunden werden, Verbindungs-Rd entsprechend arb. 1 Kante an linker Schulter unverbunden lassen; sie wird per Knopf geschlossen. (Bei den Größen 3–9 Monate und 3–4 Jahre liegt der Knopf unterhalb der Schulterlinie.) Armausschnitte entstehen durch Verbinden der Seitenkanten.

Motivbrücke an einer Seite

2. Rd: A an einen Lm-Bogen anschlingen, 1 Lm, (1 fM, 3 Lm, 1 fM) um denselben Bogen (= Ecke), 3 Lm, 3 Stb überspr, (1 fM, 1 Lm, 1 BM, 1 Lm, 1 fM) um den nächsten Bogen (= Eckbrücke), 1 Lm, 1 BM, 1 Lm (= Seitenbrücke), 3 Stb überspr, (1 fM, 1 Lm, 1 BM, 1 Lm, 1 fM) um den nächsten Bogen (= Eckbrücke), 3 Lm, 3 Stb überspr, (1 fM, 3 Lm, 1 fM) um den nächsten Bogen (= Eckbrücke), 3 Lm, 3 Stb überspr, 1 Km in die 1. fM = 8 Lm-Bögen.

Motivbrücke an 2 Seiten

2. Rd: A an Lm-Bogen anschlingen, 1 Lm, (1 fM, 3 Lm, 1 fM) um denselben Bogen (= Ecke), 3 Lm, 3 Stb überspr, (1 fM, 1 Lm, 1 BM, 1 Lm, 1 fM) um den nächsten Bogen (= Eckbrücke), *1 Lm, 1 BM, 1 Lm (= Seitenbrücke), 3 Stb überspr, (1 fM, 1 Lm, 1 BM, 1 Lm, 1 fM) um den nächsten Bogen (= Eckbrücke), ab * noch 1 x wdh, 3 Lm, 3 Stb überspr, 1 Km in die 1. fM = 8 Lm-Bögen.

1. **Rd:** 1 Lm, dann jeweils in gleichmäßigen Abständen 8 fM in die Trägeroberkante arb und weiter mit fM den Halsausschnitt, den hinteren Träger und das linke Armloch umhäkeln, enden mit 1 Km in die 1. fM.

2. **Rd:** Nicht wenden, an der unverbundenen Trägervorderkante 1 Lm, 3 fM, 2 Lm, 2 fM überspr (= Knopfloch), 3 fM arb = 6 fM.

Beenden. Den Knopf gegenüber dem Knopfloch an den unverbundenen hinteren Träger nähen.

Arbeit auf rechts legen und mit der größeren Nd Fb A an einem beliebigen 3er-Bogen des rechten Armlochs anschlingen, 1 Lm, dann das Armloch gleichmäßig mit fM umhäkeln, 1 Km in die 1. fM. Beenden. Fäden vernähen.

MOTIV

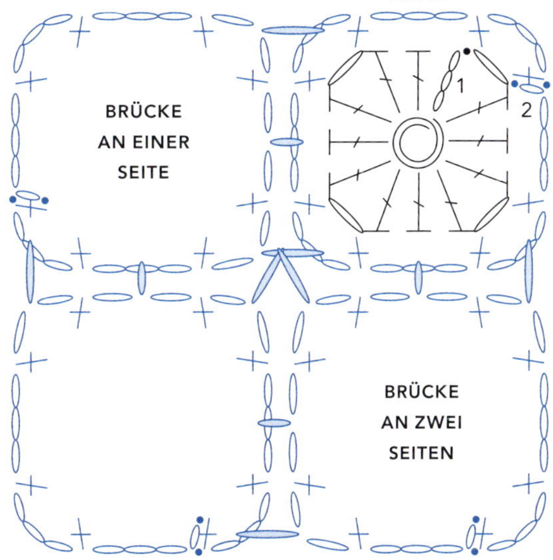

ZEICHENERKLÄRUNG

- = Luftmasche (Lm)
- = Kettmasche (Km)
- = feste Masche (fM))
- = Stäbchen (Stb)
- = Fadenring
- = Brückenmasche (BM)

UNTERKANTE

Arbeit auf rechts legen und mit der größeren Nd Fb A an einem 3er-Lm-Bogen der Unterkante anschlingen.

1. **Rd:** 1 Lm, in regelmäßigen Abständen fM in die Unterkante arb, dafür in die Bögen der Seiten je 3 fM und in die Eckbögen (zu beiden Seiten der BM zwischen den Motiven) je 2 fM arb, mit 1 Km in die 1. fM zur Rd verbinden. Insgesamt eine ungerade Zahl an fM arb.

2. **Rd:** *3 Lm, 1 fM überspr, 1 Km in die nächste fM, ab * stets wdh, mit 1 Km in die 1. fM der 1. Rd enden.

HALS- UND ARMAUSSCHNITTE

Arbeit auf rechts legen und mit der größeren Nd Fb A im Eckbogen des unverbundenen vorderen Trägers anschlingen, dann die Oberkante in Richtung Hals arbeiten.

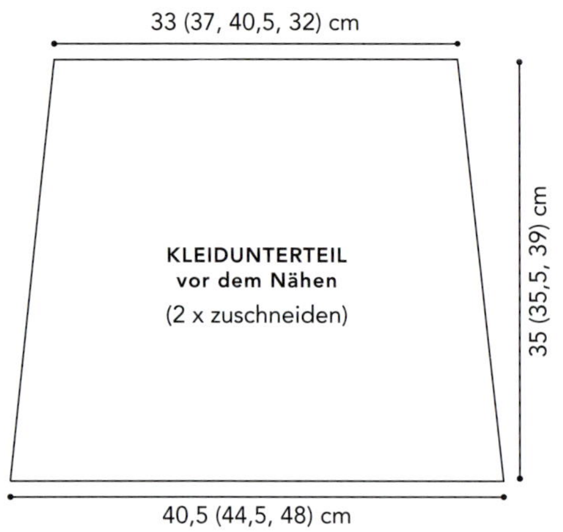

Kleidunterteil

Es wird Schnittmusterpapier in den folgenden Größen benötigt:

3–9 Monate	40,5 x 35 cm
12–18 Monate	44,5 x 35,5 cm
3–4 Jahre	48,5 x 38,5 cm

An einer der längeren Papierkanten von beiden Ecken je 3,8 cm abmessen. Die Punkte jeweils durch eine Linie mit der entsprechenden Ecke der gegenüberliegenden Papierkante verbinden, sodass eine Trapezform entsteht (siehe Schnitt). Ausschneiden und mit diesem Schnitt 2 Stoffteile zuschneiden.

Das Kleidunterteil und das Kleidoberteil rechts auf rechts zusammenlegen, sodass jeweils die linken Seiten nach außen zeigen. Die angeschrägten Kanten mit 1,3 cm Nahtzugabe absteppen, dann die Nähte auseinanderbügeln.

Das Unterteil auf rechts wenden. Die Unterkante (= die weitere Kante) um 2,5 cm zur Rückseite bügeln. Die Schnittkante erneut um 1,3 cm einschlagen und bügeln. Den Saum entlang der innen liegenden Falzkante annähen. Die Oberkante des Kleidunterteils in gleicher Weise versäubern.

An der Nähmaschine den Heftstich (den längsten Stich) einstellen. Von den Seitennähten jeweils 5 cm abmessen und dazwischen entlang der Oberkante eine Heftnaht quer über die Vorderseite des Unterteils steppen. Dafür die Fäden lang hängen lassen und an Anfang und Ende NICHT durch Rückstechen sichern. Den Oberfaden an beiden Enden fassen und straff ziehen, bis sich der Stoff zusammenzieht. Die Oberkante auf 26,5 (30,5, 34,5) cm einkräuseln, dann die Fadenenden verknoten. Am Rücken wiederholen.

Das Häkeloberteil an die gekräuselte Stoffoberkante stecken, beide Kanten etwa 6 mm überlappen lassen. Zum Schluss das Häkeloberteil von Hand an das Kleidunterteil nähen.

TIPP Falls das Oberteil weniger weit ausgeschnitten sein soll, den Halsausschnitt noch einmal wie für die Unterkante angegeben umhäkeln.

WICHTELS WINDELHOSE

Dieses bequeme Höschen hält Babys warm und trocken. Wolle kann bis zu einem Drittel ihres eigenen Gewichts an Feuchtigkeit aufnehmen, ohne sich nass anzufühlen – sie ist also ideal für Windelhosen geeignet. Das Modell wird von oben nach unten gearbeitet. Und der weite Schnitt lässt genug Platz für die Windel. Der Schritt und die Beinlänge werden während des Häkelns individuell angepasst.

SCHWIERIGKEITSGRAD

Mittel

GRÖSSEN	0–6 Monate	6–12 Monate	12–18 Monate	2 Jahre	3–4 Jahre
BUNDWEITE (ungedehnt)	48 cm	51 cm	52 cm	53,5 cm	58,5 cm
HÜFTWEITE	53,5 cm	56 cm	58,5 cm	61 cm	66 cm
BEINLÄNGE	38 cm	43 cm	48,5 cm	56 cm	61 cm
GARNVER-BRAUCH	411 m	457 m	549 m	640 m	763 m

MATERIAL

411 (457, 549, 640, 763) m, Garnstärke Standard mittel: 2 (3, 3, 3, 4) x Mountain Colors *River Twist* (100 % Merinowolle, 220 m/100 g), Fb Stillwater River (3)

1 Häkelnadel Nr. 4 *(ggf. entsprechend Maschenprobe anpassen)*

1 Wollnadel

1 m Gummiband, 2,5 cm breit

1 Nähnadel und Nähgarn

MASCHENPROBE

16 M und 19 R = 10 x 10 cm im fM-Muster

SO WIRD'S GEMACHT

Bund

17 Lm anschlagen.

1. R (Hinr): 1 fM in die 2. Lm ab Nd, weiter je 1 fM in jede Lm = 16 fM.

2.–80. (84., 88., 92., 100.) R: Mit 1 Lm wenden, weiter mit fM, dabei jeweils nur in die hinteren M-Glieder einstechen = 16 fM. Faden nicht abschneiden.

Gummiband in Bundweite (je nach Maß des Kindes) plus 2,5 cm zum Überlappen zuschneiden. Die Enden 2,5 cm breit überlappen lassen und zusammennähen, das Band dabei nicht verdrehen. Das Band von hinten an den Bund anlegen und den Bund darüber einschlagen. Beide Längskanten des Bunds zusammenstecken.

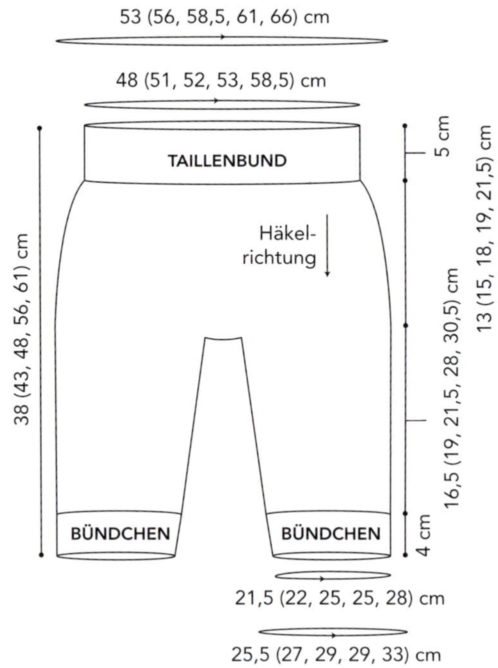

Hüftbereich

1. Rd (Vorderseite): Arbeit auf rechts legen, beide Lagen mitfassen, dabei das Gummiband einschließen, die Stecknd nach und nach entfernen: 1 Lm, *19 (20, 21, 22, 24) fM in die R-Enden, 2 fM in das nächste R-Ende, ab * noch 3 x wdh, mit 1 Km in die 1. fM zur Rd verbinden = 84 (88, 92, 96, 104) fM.

2.–4. Rd: 1 Lm, weiter mit fM, 1 Km in die 1. fM.

5. Rd: 1 Lm, 44 (46, 48, 50, 54) fM, 4 (4, 5, 5, 6) hStb, 30 (32, 32, 34, 36) Stb, 4 (4, 5, 5, 6) hStb, fM in die restl 2 (2, 2, 2, 2) M, 1 Km in die 1. fM = 46 (48, 50, 52, 56) fM, 8 (8, 10, 10, 12) hStb und 30 (32, 32, 34, 36) Stb.

6.–8. Rd: 2. Rd wdh.

9.–24. (28., 32., 36., 40.) Rd: Noch 4 (5, 6, 7, 8) x die 5.–8. Rd wdh.

HINWEIS: *Für einen kürzeren oder längeren Schritt die 5.–8. Rd öfter oder weniger oft wiederholen. Am besten am Kind selbst anpassen, bevor man mit den Beinen fortfährt.*

Nur Größen 6–12 (12–18) Monate

29. (33.) Rd: 2. Rd wdh.

Beenden.

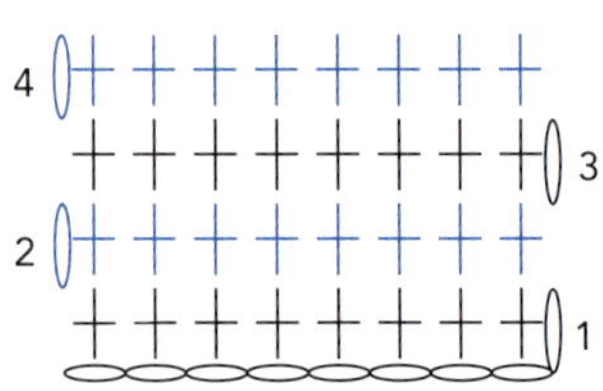

MUSTERAUSSCHNITT

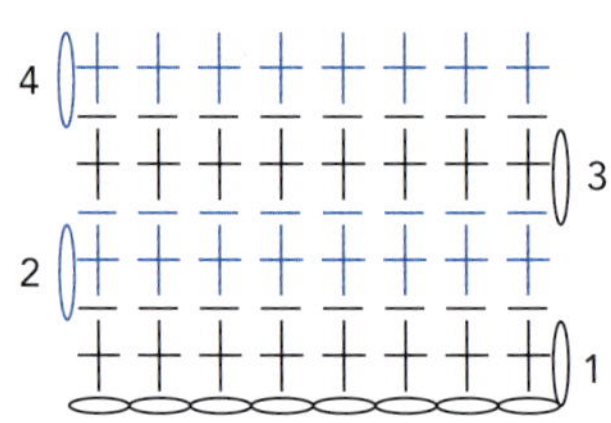

MUSTERAUSSCHNITT TAILLENBUND

ZEICHENERKLÄRUNG

⬭ = Luftmasche (Lm)

+ = feste Masche (fM)

— = ins hintere Maschenglied

Fußbündchen (2 x arbeiten)

7 Lm anschlagen.

1. R (Hinr): 1 fM in die 2. Lm ab Nd, weiter je 1 fM in jede Lm = 6 fM.

2.–40. (42., 46., 46., 52.) R: Mit 1 Lm wenden, weiter mit fM in die hinteren M-Glieder.

Beenden.

Fertigstellung

Eine Bündchen-Längskante rechts auf rechts bündig an eine Beinöffnung legen. Mit Überwendlichstichen erst die beiden Längskanten, dann die beiden Schmalkanten des Bündchens zusammennähen. Am 2. Bein wdh.

Die Öffnung am Taillenbund schließen.

Fäden vernähen.

variante

Das Garn ersetzen durch Mountain Colors *River Twist* in Fb Firehole River.

Zwickel

Die ersten 17 (18, 19, 19, 21) M der Rd überspr, an der nächsten M das Garn neu anschlingen.

1. R: 1 Lm, 1 fM in die Verbindungs-M, 7 (7, 7, 9, 9) fM.

2.–6. (6., 8., 8., 10.) R: Mit 1 Lm wenden, weiter mit fM.

Beenden. Die letzte Zwickel-R gegenüber an der Hosenrückseite festnähen, dabei auf gleich große Beinöffnungen achten. Jede Beinöffnung sollte 34 (36, 38, 38, 42) unbehäkelte M zählen.

Hosenbeine

Arbeit auf rechts legen und das Garn an der Beininnennaht anschlingen.

1. Rd: Gleichmäßig verteilt 40 (42, 46, 46, 52) fM in die Beinöffnung arb = 40 (42, 46, 46, 52) fM.

2. Rd: 1 Lm, weiter mit fM, 1 Km in die 1. fM.

2. Rd wdh, bis das Bein 16,5 (19, 21,5, 28, 30,5) cm bzw. 3,8 cm weniger misst als die gewünschte Beinlänge. Beenden.

Für das 2. Bein wdh.

TIPP Ein Schnitt, viele Stile – die Hose lässt sich auf vielfache Arten abwandeln: beispielsweise mit andersfarbig betonten Rippenbündchen oder einem Streifenmuster. Sie können auch die Beinlänge variieren und auf diese Weise aus der Windelhose Shorts, Capri- oder Spielhosen herstellen. Anstelle der Rippen bieten sich viele weitere Kantenabschlüsse an.

sommerjäckchen

Dieses Jäckchen ist ideal zum Drüberziehen. Weil es von oben nach unten gehäkelt wird, können Sie es Ihrem Liebling jederzeit zur Probe überziehen. Außerdem müssen am Ende keine Nähte geschlossen werden! Ich habe drei schöne Knöpfe aus der Sammlung meiner Großmutter ausgesucht: Durch solche Verzierungen erhält das Jäckchen einen persönlichen Touch.

SCHWIERIGKEITSGRAD

Leicht

GRÖSSEN	0–9 Monate	9–18 Monate	18–30 Monate	3–4 Jahre
BRUST-UMFANG	55 cm	61 cm	66 cm	71 cm
LÄNGE	25,5 cm	28 cm	32 cm	35 cm
GARNVER-BRAUCH	320 m	343 m	366 m	434 m

MATERIAL

320 (343, 366, 434) m, Garnstärke Standard mittel: 2 (2, 2, 2) x Caron International *Spa* (75 % Polyacryl Mikrodenier, 25 % Bambus-Viskose, 230 m/85 g), Fb 0006 Berry Frappe (3)

1 Häkelnadel Nr. 3,75 *(ggf. entsprechend Maschenprobe anpassen)*

1 Wollnadel

3 Knöpfe, 13 mm Durchmesser

1 Nähnadel

MASCHENPROBE

18 M und 14 R = 10 x 10 cm im hStb-Muster

4 Muscheln = 11 cm und 8 R = 10 cm im Muschel-Muster

MUSTERSATZ (MS)

Muschelmuster: M-Zahl teilbar durch 6 + 1

1. R: Mit 3 Lm wenden, *2 Stb überspr, (2 Stb, 1 Lm, 2 Stb) um den nächsten Lm-Bogen, 2 Stb überspr, 1 Stb, ab * stets wdh.

Für das Muschelmuster die 1. R stets wdh.

SO WIRD'S GEMACHT

HINWEIS: *Die Jacke wird von oben nach unten gehäkelt. Die Rundpasse zunächst in halben Stäbchen, dann im Muschelmuster arbeiten. Nach Beendigung der Passe wird die Arbeit in den Hauptteil und die beiden Armlöcher geteilt. Den Hauptteil abwärts bis zum Saum im Muschelmuster häkeln. Die Flügelärmel werden nachträglich angefügt.*

Rundpasse

51 (61, 71, 81) Lm anschlagen.

1. R: 1 hStb in die 3. Lm ab Nd (Anfangs-Lm zählen als 1. hStb), weiter mit hStb = 50 (60, 70, 80) hStb.

HINWEIS: *In den Größen 0–9 und 9–18 Monate ist die 1. Reihe die Hinreihe, in den Größen 18–24 Monate und 3–4 Jahre ist die 1. Reihe die Rückreihe.*

2. R: 2 Lm (zählen hier und im Weiteren als 1. hStb), wenden, 3 (4, 5, 6) hStb, 2 hStb in das nächste hStb, 9 x [4 (5, 6, 7) hStb, 2 hStb in das nächste hStb] = 60 (70, 80, 90) hStb.

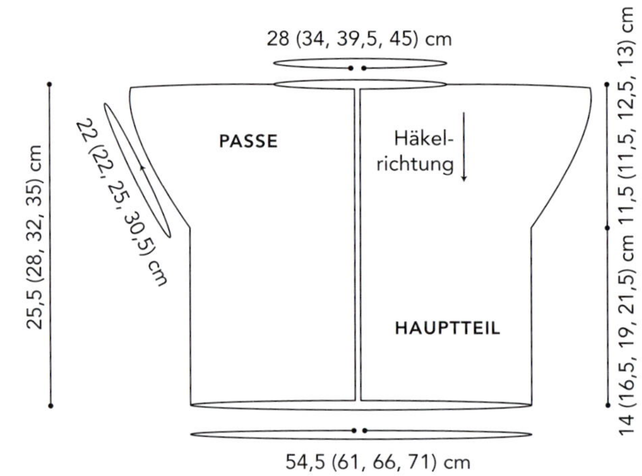

3. R: Mit 2 Lm wenden, 4 (5, 6, 7) hStb, 2 hStb in das nächste hStb, 9 x [5 (6, 7, 8) hStb, 2 hStb in das nächste hStb] = 70 (80, 90, 100) hStb.

4. R: Mit 2 Lm wenden, 5 (6, 7, 8) hStb, 2 hStb in das nächste hStb, 9 x [6 (7, 8, 9) hStb, 2 hStb in das nächste hStb] = 80 (90, 100, 110) hStb.

5. R: Mit 2 Lm wenden, 6 (7, 8, 9) hStb, 2 hStb in das nächste hStb, 9 x [7 (8, 9, 10) hStb, 2 hStb in das nächste hStb] = 90 (100, 110, 120) hStb.

6. R: Mit 2 Lm wenden, 7 (8, 9, 10) hStb, 2 hStb in das nächste hStb, 9 x [8 (9, 10, 11) hStb, 2 hStb in das nächste hStb] = 100 (110, 120, 130) hStb.

7. R: Mit 2 Lm wenden, 8 (9, 10, 11) hStb, 2 hStb in das nächste hStb, 9 x [9 (10, 11, 12) hStb, 2 hStb in das nächste hStb] = 110 (120, 130, 140) hStb.

8. R: Mit 2 Lm wenden, 9 (10, 11, 12) hStb, 2 hStb in das nächste hStb, 9 x [10 (11, 12, 13) hStb, 2 hStb in das nächste hStb] = 120 (130, 140, 150) hStb.

9. R: Mit 2 Lm wenden, 10 (11, 12, 13) hStb, 2 hStb in das nächste hStb, *11 (12, 13, 14) hStb, 2 hStb in das nächste hStb, ab * wdh bis Ende, in die restl M je 1 hStb = 130 (140, 150, 160) hStb arb.

10. R: Mit 2 Lm wenden, 16 (26, 11, 14) hStb, 2 hStb in das nächste hStb, *17 (27, 12, 15) hStb, 2 hStb in das nächste hStb, ab * bis zu den letzten 4 (0, 7, 0) M wdh, 4 (0, 7, 0) hStb in die letzten M arb = 137 (145, 161, 170) hStb.

Nur Größe 18–30 Monate

11. R: Mit 2 Lm wenden, hStb bis Ende.

Nur Größe 3–4 Jahre

11. R: Mit 2 Lm wenden, 15 hStb, 2 hStb in das nächste hStb, *16 hStb, 2 hStb in das nächste hStb, ab * stets wdh = 180 hStb.

12. R: Mit 2 Lm wenden, 34 hStb, 2 hStb in das nächste hStb, *35 hStb, 2 hStb in das nächste hStb, ab * stets wdh = 185 hStb.

MUSCHELMUSTER (alle Größen)

11. (11., 12., 13.) R: Mit 1 Lm wenden, 1 fM in das 1. hStb, *1 hStb überspr, (2 fM, 1 Lm, 2 fM) in das nächste hStb (= 1 Muschel), 1 hStb überspr, 1 fM in das nächste Stb, ab * stets wdh = 34 (36, 40, 46) Muscheln, 35 (37, 41, 47) fM.

12. (12., 13., 14.) R: 3 Lm (zählen als 1 Stb), wenden, *2 Stb überspr, (2 Stb, 1 Lm, 2 Stb) um den nächsten Lm-Bogen, 2 Stb überspr, 1 Stb in die nächste fM, ab * stets wdh.

13. (13., 14., 15.) R: Mit 3 Lm wenden, *2 Stb überspr, (2 Stb, 1 Lm, 2 Stb) um den nächsten Lm-Bogen, 2 Stb überspr, 1 Stb, ab * stets wdh.

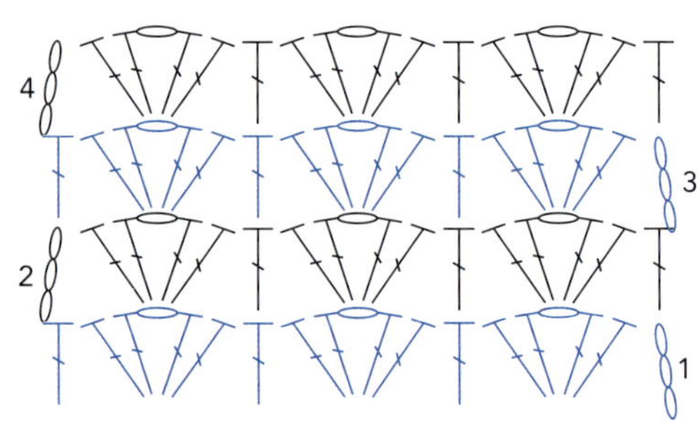

MUSCHELMUSTER (AUSSCHNITT)

ZEICHENERKLÄRUNG

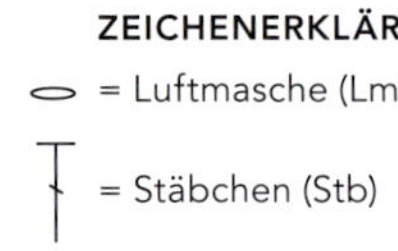

MASCHENEINTEILUNG FÜR DIE ÄRMEL

14. (14., 15., 16.) R: Mit 3 Lm wenden, 4 (5, 5, 6) x [2 Stb überspr, (2 Stb, 1 Lm, 2 Stb) um den nächsten Lm-Bogen, 2 Stb überspr, 1 Stb], (2 Stb, 1 Lm, 2 Stb) um den nächsten Lm-Bogen, 3 Stb überspr, 7 (7, 8, 10) Muscheln überspr (= Armloch), 1 Stb, 9 (9, 11, 11) x [2 Stb überspr, (2 Stb, 1 Lm, 2 Stb) um den nächsten Lm-Bogen, 2 Stb überspr, 1 Stb], (2 Stb, 1 Lm, 2 Stb) um den nächsten Lm-Bogen, 3 Stb überspr, 7 (7, 8, 10) Muscheln überspr, 1 Stb, 5 (6, 6, 7) x [2 Stb überspr, (2 Stb, 1 Lm, 2 Stb) um den nächsten Lm-Bogen, 2 Stb überspr, 1 Stb] = 20 (22, 24, 26) Muscheln.

Hauptteil

HINWEIS: *Am Hauptteil mustergemäß wie unten angegeben fortfahren, die Ärmel werden später vervollständigt.*

15. (15., 16., 17.)–24. (26., 29., 33.) R: Mit 3 Lm wenden, *2 Stb überspr, (2 Stb, 1 Lm, 2 Stb) um den nächsten Lm-Bogen, 2 Stb überspr, 1 Stb, ab * stets wdh.

25. (27., 30., 34.) R (Hinr): Mit 1 Lm wenden, 1 fM in das 1. Stb, *2 Stb überspr, 5 Stb um den nächsten Lm-Bogen, 2 Stb überspr, 1 fM, ab * stets wdh.

Beenden.

RECHTE ABSCHLUSSKANTE

Arbeit auf links legen und das Garn an der rechten oberen Ecke der Jacke anschlingen.

1. R: 1 Lm, in gleichmäßigen Abständen fM in die rechte Vorderkante häkeln, an der unteren Ecke enden.

HINWEIS: *Darauf achten, dass am Passenabschnitt im hStb-Muster mindestens 13 (13, 16, 16) fM liegen.*

2. R: Mit 1 Lm wenden, fM bis zum hStb-Muster der Passe, 3 x [2 (2, 3, 3) fM, mit 2 Lm 2 fM überspr] (= 3 Knopflöcher), weiter mit fM.

3. R: Mit 1 Lm wenden, 1 Km in alle fM und Lm bis Ende.

Beenden.

LINKE ABSCHLUSSKANTE

Arbeit auf rechts legen und das Garn an der linken oberen Ecke der Jacke anschlingen.

1. R: Wie 1. R der rechten Abschlusskante.

2. R: Wie 3. R der rechten Abschlusskante.

Beenden.

Ärmel

HINWEIS: *Die Ärmel werden in Runden in die übersprungenen Muscheln der Armlöcher gearbeitet.*

1. Rd: Arbeit auf rechts legen, Garn im Lm-Bogen der letzten übersprungenen Muschel vor dem Unterarm anschlingen, 3 Lm, 4 Stb um denselben Lm-Bogen, dann je 1 fM und 5 Stb in den Unterarmausschnitt, *1 fM in das nächste Stb, 2 Stb überspr, 5 Stb um den nächsten Lm-Bogen, 2 Stb überspr, ab * stets wdh, 1 fM ins letzte Stb, 1 Km in die oberste Anfangs-Lm = 8 (8, 9, 11) Muscheln.

Am 2. Ärmel wdh.

Fertigstellung

Gegenüber den Knopflöchern mit dem Arbeitsgarn 3 Knöpfe an die Knopfblende nähen. Fäden vernähen.

TIPP Größe und Farbgebung der Jacke lassen sich leicht ändern. Für eine bunte Jacke kann die Passe einfarbig gestaltet und dann in jeder Reihe des Muschelmusters die Farbe gewechselt werden. Die Länge von Jacke und/oder Ärmeln lässt sich durch mehr oder weniger Muschelmuster-Reihen variieren.

Mini-Applikationen

Was könnte niedlicher sein als Kinder-T-Shirts? Kinder-T-Shirts, die mit selbst angefertigten Häkelmotiven verschönert wurden! Im Handumdrehen arbeiten Sie entzückende Hingucker aus Stickgarn oder größere Aufnähmotive aus dickerem Garn. Die Applikationen peppen Basics originell auf und machen aufgetragene Kleidung wieder flott.

SCHWIERIGKEITSGRAD

Mittel

GRÖSSE	Einheitsgröße
RAKETE (ohne Tragflächen)	4,5 x 7,5 cm
FLAMME	5 x 4,5 cm
GROSSE BLUME	3,8 cm Durchmesser
KLEINE BLUME	2,5 cm Durchmesser
KLEINER KREIS	16 mm Durchmesser
GARNVERBRAUCH	je 8 m, 5 Farben pro Projekt

MATERIAL

40 m, Garnstärke superfein: DMC-Sticktwist, 6-fädig (100 % Baumwolle), Docke à 8 m:

Raketenhemd (gegenüber): Je 1 Docke in Fb 995 Blau (A), Fb 321 Rot (B), Fb 727 Gelb (C), Fb 314 Hellorange (D) und Fb 720 Orange (E) (1)

Blumenhemd und Shorts (Seite 100): Je 1 Docke in Fb 727 Gelb (F), Fb 720 Orange (G), Fb 3608 Hellrosa (H), Fb 3607 Dunkelrosa (I) und Fb 550 Lila (J) (1)

1 Häkelnadel Nr. 2,75

1 Wollnadel

1 Nähnadel

ggf. 3 Sternknöpfe, 16 mm Durchmesser

ggf. 2 Sternknöpfe, 13 mm Durchmesser

MASCHENPROBE

Für dieses Projekt benötigen Sie keine Maschenprobe. Gleichen Sie die fertigen Motive mit den genannten Größen ab – ein Motiv ist genauso schnell hergestellt wie eine Maschenprobe.

SO WIRD'S GEMACHT

Applikation Rakete

17 Lm mit A anschl.

1. R (Hinr): 1 Stb in die 4. Lm ab Nd (Anfangs-Lm zählen als 1 Stb), 12 Stb, (3 Stb, 1 Lm, 3 Stb) in die nächste Lm, die Arbeit drehen und an der Unterseite der Lm-Kette zurückhäkeln: Stb in alle Lm und in die unterste Anfangs-Lm = 34 Stb (17 auf jeder Seite, 1 Lm-Bogen an der Spitze).

2. R: Mit 3 Lm wenden, 13 Stb, 2 Stb in das nächste Stb, 2 Stb in das nächste Stb, (1 Stb, 1 DStb) in das nächste Stb, mit 1 Lm den Lm-Bogen überspr, (1 DStb, 1 Stb) in das nächste Stb, 2 Stb in das nächste Stb, 2 Stb in das nächste Stb, 14 Stb = 38 Stb, 2 DStb, 1 Lm-Bogen an der Spitze.

3. R: Mit 3 Lm wenden, 8 Stb, 5 hStb, (1 hStb, 1 fM) ins nächste Stb, 5 fM, (1 fM, 1 Lm, 1 fM) um den Lm-Bogen,

5 fM, (1 fM, 1 hStb) ins nächste Stb, 5 hStb, 9 Stb, 1 Lm, Arbeit drehen und 12 fM gleichmäßig an der Unterkante der Rakete verteilen, mit 1 Km in das 1. Stb zur Rd verbinden = 18 Stb, 12 hStb, 26 fM.

Beenden.

1. TRAGFLÄCHE

HINWEIS: *Die Tragflächen werden direkt an die Rakete angearbeitet. Arbeit auf rechts legen und Farbe B an der rechten unteren Ecke der Rakete anschlingen.*

1. R (Hinr): 3 Lm, dann jeweils in die hinteren M-Glieder: 1 Stb in die Verbindungs-M, 2 Stb in das nächste Stb, 7 Stb, 1 hStb, (1 fM, 1 Km) in die nächste M, die restl M bleiben unbehäkelt = 11 Stb, 1 hStb, 1 fM.

2. R: Mit 1 Lm wenden, 1 fM in die 1. fM, 2 hStb, 7 Stb, 3 x (2 Stb in die nächste M), 1 Lm, weiter in die R-Enden: je 2 fM in jede Stb-R, 1 Km in die Einstichstelle der 1. M in der 1. R = 5 fM, 2 hStb, 13 Stb.

3. R: Mit 1 Lm wenden, die Tragflächen-Außenkante mit Km umhäkeln. Beenden.

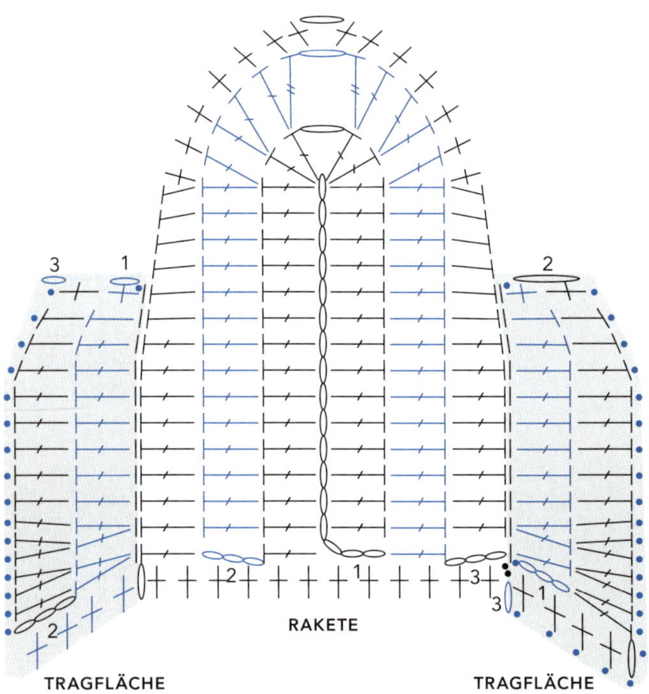

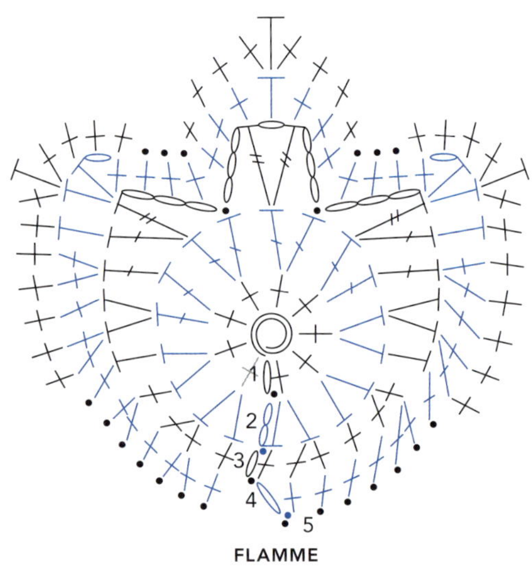

2. TRAGFLÄCHE

Arbeit auf rechts legen und von der linken unteren Ecke der Rakete 10 M abzählen, B an der 11. M (ab Unterkante) anschlingen und in Richtung Unterkante zurückarb.

1. R (Hinr): Jeweils nur in die hinteren M-Glieder: 1 Lm, 1 fM in die Einstichstelle der Verbindungs-M, 1 hStb, 7 Stb, 2 x (2 Stb ins nächste Stb) = 1 fM, 1 hStb, 11 Stb.

2. R: Mit 3 Lm wenden, 1 Stb in die 1. M, 2 x (2 Stb ins nächste Stb), 7 Stb, 2 hStb, 1 fM = 13 Stb, 2 hStb, 1 fM.

3. R: Mit 1 Lm wenden, die Tragflächen-Außenkante mit Km umhäkeln, dann je 2 fM in die R-Enden der Stb-R = 4 fM. Beenden.

FLAMME

Mit einem Fadenring in Fb C beginnen.

1. Rd (Hinr): 1 Lm, 9 fM um den Ring, 1 Km in die 1. fM = 9 fM.

2. Rd: 2 Lm (zählen nicht als M), 3 x (2 hStb in die nächste fM), 4 x (2 Stb in die nächste fM), 2 x (2 hStb in die nächste fM), 1 Km ins 1. hStb = 10 hStb, 8 Stb.

3. Rd: 1 Lm, 2 x [1 fM, 2 fM ins nächste hStb], 1 hStb, 2 hStb ins nächste hStb, 1 Stb, (1 Stb, 1 DStb) ins nächste Stb, 3 Lm, 1 Km, 3 Lm, (1 DStb, 1 Lm, 1 DStb) ins nächste Stb, 3 Lm, 1 Km, 3 Lm, (1 DStb, 1 Stb) ins nächste Stb, 1 Stb, 2 hStb ins nächste Stb, 1 hStb, 1 fM, 2 fM ins nächste hStb, 1 fM, 1 Km in die 1. fM = 10 fM, 6 hStb, 4 Stb, 4 DStb, 4 Lm-Bögen aus 3 M, 1 Lm-Bogen aus 1 M. C abschneiden.

4. Rd: D an der 1. M anschlingen, mit 1 Lm die Verbindungs-M überspr, 3 fM, 3 x [1 fM, 2 fM in die nächste M], 1 hStb, (2 hStb, 1 Lm, 1 fM) ins nächste DStb, 5 fM gleichmäßig auf die nächsten 6 Lm verteilen, 1 fM, 1 hStb um den Lm-Bogen, 1 fM ins nächste DStb, 5 fM gleichmäßig auf die nächsten 6 Lm verteilen, (1 fM, 1 Lm, 2 hStb) ins nächste DStb, 1 hStb, 4 x [2 fM in die nächste fM, 1 fM], 1 Km in die 1. fM = 38 fM, 7 hStb, 2 Lm-Bögen. D abschneiden.

5. Rd (Hinr): E an der 1. M anschlingen, 6 Km, 6 fM, (1 fM, 1 hStb, 1 fM) in die nächste M, 1 fM, 1 fM um den Lm-Bogen, 1 fM, 3 Km, 3 fM, (1 fM, 1 hStb, 1 fM) ins nächste hStb, 3 fM, 3 Km, 1 fM, 1 fM um den Lm-Bogen, 1 fM, (1 fM, 1 hStb, 1 fM) ins nächste hStb, 6 fM, 7 Km, 1 Km in die 1. Km. Beenden. Fertigstellung siehe Seite 100.

ZEICHENERKLÄRUNG

= Luftmasche (Lm)

= Kettmasche (Km)

= feste Masche (fM)

= halbes Stäbchen (hStb)

= Stäbchen (Stb)

= Doppelstäbchen (DStb)

= ins hintere Maschenglied

= Fadenring

Applikation Blume

GROSSE BLUME (4 x arbeiten)

Je 1 x in den Farbfolgen: F/G/I, G/H/J, F/I/H und H/J/G.

Mit einem Fadenring in der 1. Fb beginnen.

1. Rd (Vorderseite): 2 Lm anschl (zählen nicht als M), 8 hStb in den Ring, 1 Km ins 1. hStb = 8 hStb. 1. Fb beiseite lassen, aber nicht abschneiden.

2. Rd: 2. Fb am 1. hStb anschlingen, 1 Lm, je 2 fM in jedes hStb bis Ende, 1 Km in die 1. fM = 16 fM. 2. Fb beenden.

3. Rd: 1 Lm mit der 1. Fb, 8 x [1 fM, 2 fM in die nächste fM], 1 Km in die 1. fM = 24 fM. 1. Fb beenden.

4. Rd (Vorderseite): 3. Fb an der 1. M anschlingen, 1 Lm, 3 Stb in die nächste fM (= 1 Blütenblatt), 7 x [1 Lm, 2 Km, 1 Lm, 1 x 3 Stb], 1 Lm, 1 Km in die letzte fM = 8 Blütenblätter.

Beenden.

KLEINE BLUME (2 x arbeiten)

Je 1 x in den Farbfolgen: G/H und H/J.

1. Rd: Wie für große Blume. 1. Fb beenden.

2. Rd: 2. Fb am 1. hStb anschlingen, (1 Lm, 2 Stb, 1 Lm, 1 Km) in dasselbe hStb wie die Verbindungs-M (= 1 Blütenblatt), (1 Km, 1 Lm, 2 Stb, 1 Lm, 1 Km) in die nächsten 7 hStb, 1 Km in das 1. hStb der 1. Rd = 8 Blütenblätter. Beenden.

KLEINER KREIS (1 x arbeiten)

Je 1 x in den Farbfolgen: I/J/F und G/F/I.

1.–2. Rd: Wie für große Blume. 1. und 2. Fb beenden.

3. Rd: 3. Fb an der 1. M anschlingen, Km bis Ende, 1 Km in die 1. Km.

Beenden.

Fertigstellung (aller Applikationen)

Fäden vernähen.

Zum Aufnähen der Applikationen einen Stickfaden in der Farbe der letzten Häkelrunde des jeweiligen Motivs verwenden. Was die Anordnung angeht, können Sie sich an den Fotos orientieren. Auf das Raketenhemd 5 Sternknöpfe nähen oder die Sterne aufsticken.

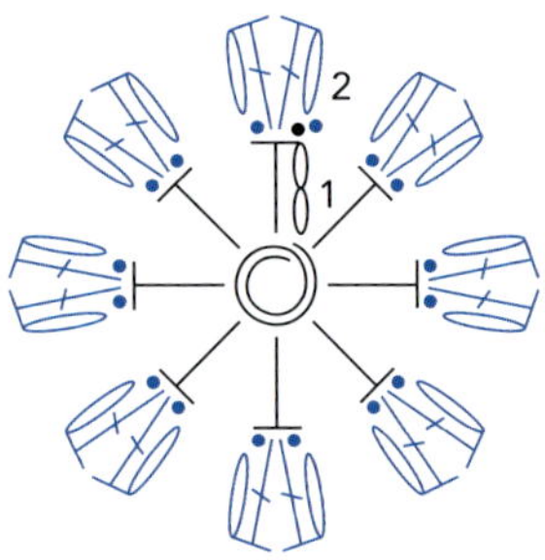

KLEINE BLUME

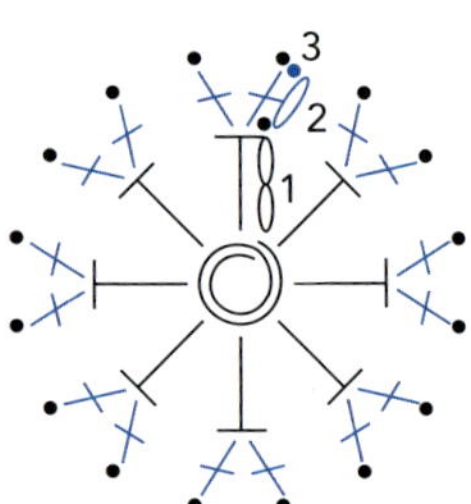

KLEINER KREIS

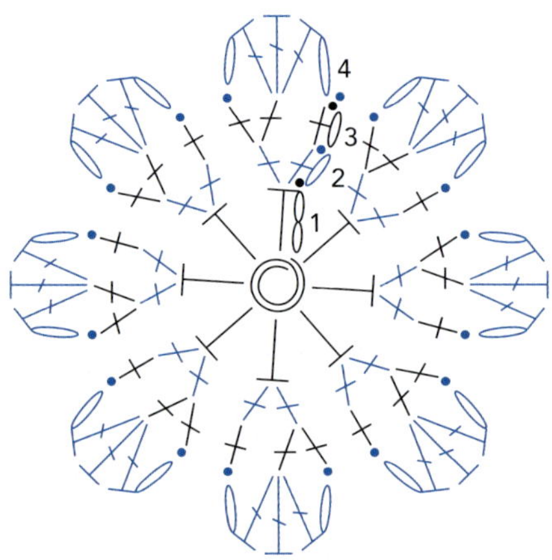

GROSSE BLUME

ZEICHENERKLÄRUNG

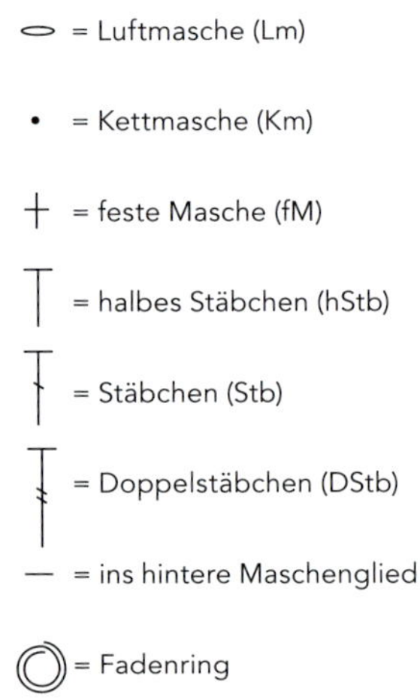

Rippenjäckchen

Hier sind filigrane Blütenmotive mit quer gearbeiteten Rippen kombiniert. Änderungen in der Maschenhöhe sorgen für die leicht ausgestellte Form, die dem Jäckchen seinen Schwung verleiht. Die Teile werden einzeln gearbeitet und zum Schluss zusammengenäht – ein perfekter Einstieg ins Häkeln von Kleidungsstücken!

SCHWIERIGKEITSGRAD

Mittel

GRÖSSEN	0–6 Monate	6–12 Monate	12–18 Monate
BRUST-UMFANG	51 cm	56 cm	61 cm
LÄNGE	27 cm	28 cm	30,5 cm
GARNVER-BRAUCH	567 m	658 m	768 m

MATERIAL

567 (658, 768) m, Garnstärke fein: 4 (5, 5) x Lana Grossa *Cool Wool 2000* (100 % Wolle, 160 m/50 g), Fb 524 Lila (2)

1 Häkelnadel Nr. 4,5 *(ggf. entsprechend Maschenprobe anpassen)*

Maschenmarkierer (MM)

1 Wollnadel

2 Knöpfe, 25 mm Durchmesser

MASCHENPROBE

18 M und 10,5 R = 10 x 10 cm an der hStb-Kante, 18 M und 7 R = 10 x 10 cm an der DStb-Kante an Hauptteil und Ärmeln

1 Blütenmotiv = 6,5 (7, 7,5) cm Seitenlänge im Quadrat

BESONDERE TECHNIKEN

Maschengruppe (MGr): In dieselbe M 2 x [mit 1 U einstechen, 1 U zu einer weiteren Schlinge auf der Nd durchziehen, dann den Faden mit 1 U durch 2 Schlingen ziehen]. Mit 1 U alle 3 Schlingen zus abm.

SO WIRD'S GEMACHT

HINWEIS: *Der obere Teil der Jacke besteht aus Blütenmotiven, die zusammengenäht werden und die Schulterpasse bilden. Der Hauptteil der Jacke wird seitwärts in einem Stück von einer Vorderkante zur anderen gearbeitet. Der Hauptteil ergibt das untere Jackenteil.*

Blumenmotiv (10 x arbeiten)

4 Lm anschl, mit 1 Km in die 1. Lm zum Ring verbinden.

1. Rd (Vorderseite): 3 Lm (zählen nicht als M), 1 Stb in den Ring (Anfangs-Lm und 1. Stb = 1. MGr), 2 Lm, 7 x [1 MGr, 2 Lm] in den Ring, die Anfangs-Lm überspr, 1 Km in das 1. Stb = 8 MGr.

2. Rd: 1 Km um den Lm-Bogen, 3 Lm (zählen nicht als M), (1 Stb, 2 Lm, 1 MGr) um denselben Lm-Bogen (= Ecke), 1 Lm, (1 Stb, 1 Lm, 1 Stb) um den nächsten Lm-Bogen, 1 Lm, *(1 MGr, 2 Lm, 1 MGr) um den nächsten Lm-Bogen (= Ecke), 1 Lm, (1 Stb, 1 Lm, 1 Stb) um den nächsten Lm-Bogen, 1 Lm, ab * noch 2 x wdh, Anfangs-Lm überspr, 1 Km in das 1. Stb = 8 MGr, 8 Stb.

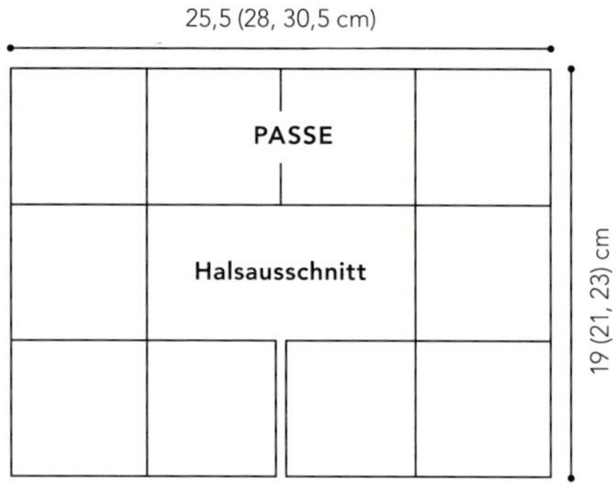

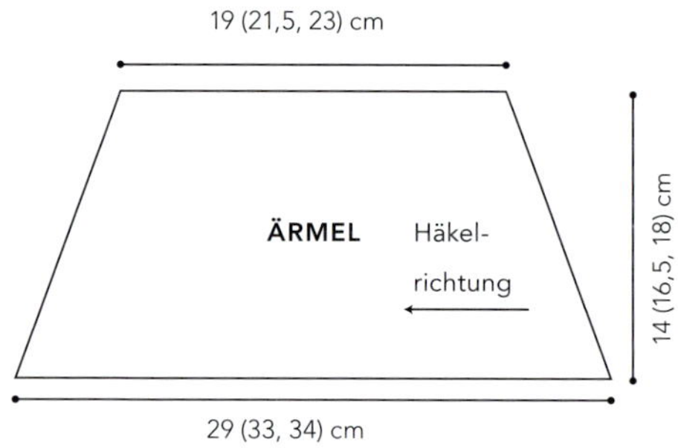

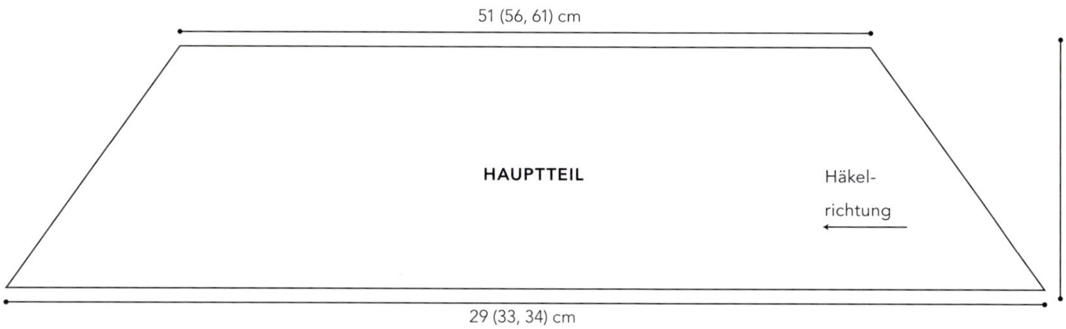

Nur Größe 0–6 Monate

3. Rd: 1 Lm, 1 fM in dasselbe Stb wie die Verbindungs-M, *(2 fM, 1 Lm, 2 fM) um den Eckbogen, 1 fM in jede MGr, jeden Lm-Bogen und jedes Stb der Seite, ab * noch 3 x wdh, 1 Km in die 1. fM = 44 fM.

Nur Größe 6–12 Monate

3. Rd: 2 Lm, *(2 hStb, 1 Lm, 2 hStb) um den Eckbogen, 1 hStb in jede MGr, jeden Lm-Bogen und jedes Stb der Seite, ab * noch 3 x wdh, 1 Km in das 1. hStb = 44 hStb.

Nur Größe 12–18 Monate

3. Rd: 3 Lm, *(2 Stb, 1 Lm, 2 Stb) um den Eckbogen, 1 Stb in jede MGr, jeden Lm-Bogen und jedes Stb der Seite, ab * noch 3 x wdh, 1 Km in das 1. Stb = 44 Stb.

Jackenhauptteil (in einem Stück)

34 (34, 36) Lm anschlagen.

1. R (Rückr): 1 Stb in die 4. Lm ab Nd (Anfangs-Lm zählen als 1. Stb), weiter mit Stb = 32 (32, 34) Stb.

2. R (Hinr): 2 Lm (zählen als 1 hStb), wenden und nur in die hinteren M-Glieder arb: 9 (9, 10) hStb, 9 (9, 10) Stb, 14 DStb = 32 (32, 34) M.

3. R: Mit 3 Lm wenden, dann Stb bis Ende, dabei in die hinteren M-Glieder arb = 32 (32, 34) Stb.

4.–53. (59., 63.) R: Die letzten 2 R noch 25 (28, 30) x wdh.

Beenden.

Ärmel (2 x arbeiten)

27 (31, 33) Lm anschlagen.

1. R (Rückr): 1 Stb in die 4. Lm ab Nd (Anfangs-Lm zählen als 1. Stb) und in jede Lm bis R-Ende = 25 (29, 31) Stb.

2. R (Hinr): 2 Lm (zählen als 1 hStb), wenden und nur in die hinteren M-Glieder arb: 7 (9, 10) hStb, 8 (10, 10) Stb, 10 (10, 11) DStb = 25 (29, 31) M.

3. R: Mit 3 Lm wenden, dann Stb bis Ende, dabei in die hinteren M-Glieder arb = 25 (29, 31) Stb.

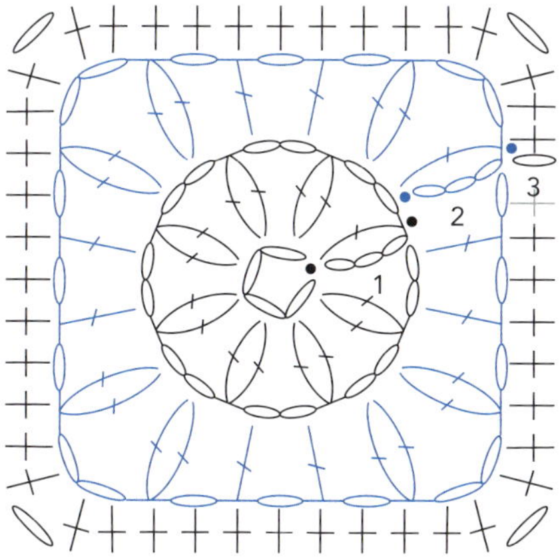

BLUMENMOTIV
GRÖSSE 0–6 MONATE

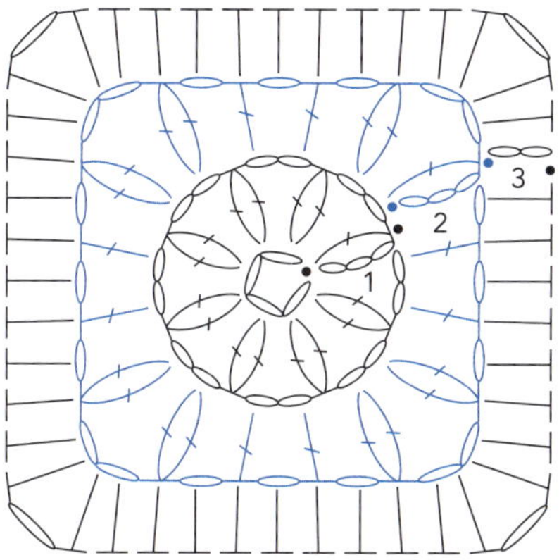

BLUMENMOTIV
GRÖSSE 6–12 MONATE

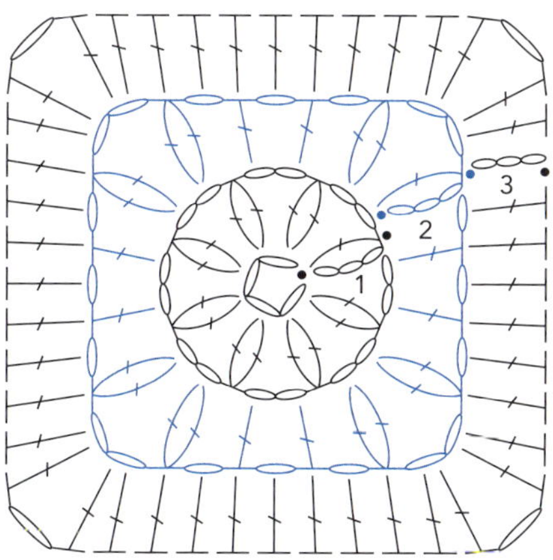

BLUMENMOTIV
GRÖSSE 12–18 MONATE

ZEICHENERKLÄRUNG

- = Luftmasche (Lm)
- = Kettmasche (Km)
- = feste Masche (fM)
- = halbes Stäbchen (hStb)
- = Stäbchen (Stb)
- = Maschengruppe (MGr)

4.–19. (21., 23.) R: Die letzten 2 R noch 8 (9, 10) x wdh.

20. (22., 24.) R: Die 2. R wdh.

Beenden.

Fertigstellung

TEILE ZUSAMMENNÄHEN

10 Blumenmotive laut Passenschnitt auf Seite 104 aneinandernähen. Die hStb/Stb-Kanten der Ärmel und der Passe rechts auf rechts legen und überwendlich zusammennähen (siehe Überwendliche Naht, Seite 154). Die Passe der Länge nach rechts auf rechts legen und die Ärmelnähte überwendlich schließen. Die hStb/Stb-Kanten von Hauptteil und Passe rechts auf rechts zusammenlegen, dabei darauf achten, dass jeweils die hinteren und die vorderen Mitten zusammentreffen. Dann Passe und Hauptteil überwendlich zusammennähen.

UNTERKANTE

Arbeit auf rechts legen, das Garn mit 1 Km an der unteren rechten Ecke anschlingen und die Vorderkante Richtung Hals arb.

1. Rd: 1 Lm, die Vorderkante bis zur oberen Ecke des Blumenmotivs gleichmäßig mit fM umhäkeln, 3 fM um den Lm-Bogen der oberen Ecke, den Halsausschnitt bis zur vorderen Ausschnittkante mit hStb umhäkeln, 3 fM um den Bogen der oberen Ecke, die linke Vorderseite abwärts mit fM umhäkeln, 3 fM in die untere Ecke; an der Unterkante um die M herum in die R-Enden arb: *1 fM in das Ende der nächsten Stb-R, (3 Stb, 3 Lm, 3 Stb) in das Ende der nächsten DStb-R (= 1 spitze Muschel), ab * an der gesamten Unterkante wdh, 1 fM in die letzte Stb-R, 2 Stb in die 1. Km, 1 Km in die 1. fM = 26 (29, 31) Muscheln an der Unterkante.

An der Vorderkante des oberen rechten Blumenmotivs 2 MM für die Knopfschlingen setzen. Den 1. MM etwa 1,5 cm unterhalb des Halsausschnitts, den 2. etwa 5 cm unter dem 1. (nahe der Unterkante des Blumenmotivs) platzieren.

2. Rd: Die Vorderkante, den Halsausschnitt und die 2. Vorderkante mit Km umhäkeln, an den MM wie folgt arb: 6 Lm (für Knopfschlinge), 1 fM überspr, 1 Km in nächste fM. Beenden.

ÄRMELKANTE

Arbeit auf rechts legen und jeweils in die R-Enden der Ärmel arb, das Garn mit 1 Km am Ende einer beliebigen Stb-R anschlingen. Damit der lockere Charakter einer Spitze entsteht, um die M herumstechen und nicht in sie hineinarbeiten.

1. Rd: 1 Lm, 1 fM in dasselbe R-Ende wie die 1. Km, (3 Stb, 3 Lm, 3 Stb) in das Ende der nächsten DStb-R, *1 fM in das Ende der nächsten Stb-R, (3 Stb, 3 Lm, 3 Stb) in das Ende der nächsten DStb-R (= 1 spitze Muschel), ab * stets wdh, 1 Km in die 1. fM = 10 (11, 12) Muscheln.

Am 2. Ärmel wdh.

zwischengrössen

Mit anderen Garn- und Nadelstärken erreicht man geringfügige Größenabweichungen. Die kleinste Größe, mit dünnerem Garn und einer Nadelnummer kleiner gehäkelt, passt einem Neugeborenen, mit dickerem Garn und einer größeren Nadel ergeben sich Zwischengrößen für ältere Kinder. Als Maschenprobe häkeln Sie ein Motiv mit dem gewählten Garn. Dann die Motivbreite mit 8 multiplizieren und das Ergebnis mit dem Brustumfang des Kindes vergleichen. 5–10 cm Spiel lassen noch etwas Platz zum Wachsen. Wenn nötig, können Sie die Motive leicht vergrößern, indem Sie Umrandungen mit halben Stäbchen oder Stäbchen anfügen.

Kapuzenponcho

Sockenwolle mit einem Farbverlauf ergibt ganz von selbst Streifen und macht sich besonders gut, wenn im Zackenmuster gearbeitet wird. Dieser Poncho sorgt für zusätzliche Wärme an kühlen Tagen. Als Verschluss dient bei kleineren Kindern ein Riegel, bei älteren eine Pomponschnur. Aus Sicherheitsgründen sollte das Kind nicht unbeaufsichtigt sein, wenn es den Kapuzenponcho trägt.

SCHWIERIGKEITSGRAD

Mittel

GRÖSSEN	6–12 Monate	12–18 Monate	2–3 Jahre	4–5 Jahre
LÄNGE (ohne Kapuze)	30,5 cm	32 cm	34,5 cm	38 cm
GARN-VERBRAUCH	475 m	604 m	713 m	878 m

MATERIAL

475 (604, 713, 878) m, Garnstärke fein: 2 (3, 3, 4) x Noro *Silk Garden Sock Yarn* (40 % Lammwolle, 25 % Seide, 25 % Polyamid, 10 % Kid Mohair, 300 m/100 g), Fb S292 Purples/Magenta/Grey (2)

1 Häkelnadel Nr. 3,75 *(ggf. entsprechend Maschenprobe anpassen)*

1 Wollnadel

1 Maschenmarkierer (MM)

2 Knöpfe, 3 cm Durchmesser, oder Pomponschablone, 4 cm Durchmesser

MASCHENPROBE

18 M und 9 R = 10 x 10 cm im Stb-Muster

SO WIRD'S GEMACHT

HINWEIS: *Der Kapuzenponcho wird in einem Stück gearbeitet. Die Kapuze besteht bis zum Hals aus Stäbchenreihen, danach beginnt das Zickzackmuster. Der Poncho wird vom Hals abwärts gearbeitet.*

Kapuze

62 (72, 82, 92) Lm anschlagen.

1. R (Hinr): 1 Stb in die 4. Lm ab Nd (Anfangs-Lm zählen als 1. Stb), weiter mit Stb = 60 (70, 80, 90) Stb.

2.–15. (17., 19., 22.) R: Mit 3 Lm wenden (zählen jeweils als 1. Stb), weiter mit Stb.

16. (18., 20., 23.) R: Mit 1 Lm wenden, fM bis Ende.

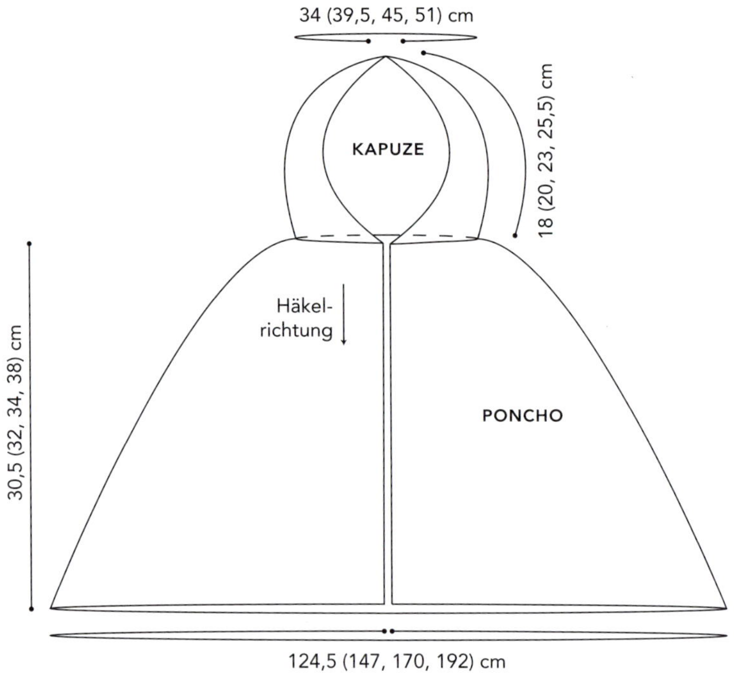

Hals

1. R (Loch-R): Mit 1 Lm wenden, *1 fM, mit 4 Lm 3 fM überspr, 1 fM in die 4. fM, ab * stets wdh = 12 (14, 16, 18) Lm-Bögen.

2. R: 3 Lm (zählen jeweils als 1 Stb), wenden, 1 Stb in die 1. M, 2 Stb um den Lm-Bogen, (3 Stb, 2 Lm, 3 Stb) um alle Lm-Bögen bis auf den letzten, 2 Stb um den letzten Bogen = 10 (12, 14, 16) Lm-Bögen und 68 (80, 92, 104) Stb.

3. R: Mit 3 Lm wenden, 1 Stb in die 1. M, 2 Stb, 2 Stb überspr, MM setzen, *2 Stb, (2 Stb, 2 Lm, 2 Stb) um den nächsten Lm-Bogen, 2 Stb, 2 Stb überspr, MM setzen, ab * stets wdh bis zu den letzten 3 Stb, 2 Stb, 2 Stb in das letzte Stb = 88 (104, 120, 136) Stb.

Im Weiteren die MM stets in die nächste R versetzen.

4. R: Mit 3 Lm wenden, 1 Stb in die 1. M, 2 Stb ins nächste Stb, Stb bis 1 M vor den MM, 2 Stb überspr, *Stb bis zum Lm-Bogen, (2 Stb, 2 Lm, 2 Stb) um den Lm-Bogen, Stb bis 1 M vor den MM, 2 Stb überspr, ab * stets wdh bis 1 M vor den letzten MM, 2 Stb überspr, Stb bis zu den letzten 2 Stb, in diese je 2 Stb = 110 (130, 150, 170) Stb.

5. R: Mit 3 Lm wenden, 1 Stb in die 1. M, Stb bis 1 M vor den MM, *2 Stb überspr, Stb bis zum Lm-Bogen, (1 Stb, 2 Lm, 1 Stb) um den Lm-Bogen, Stb bis 1 M vor den MM, ab * stets wdh bis 1 M vor den letzten MM, 2 Stb überspr, Stb bis zur letzten M, 2 Stb in die letzte M.

6. R: 4. R wdh = 132 (156, 180, 204) Stb.

7. und 8. R: 5. und 6. R wdh = 154 (182, 210, 238) Stb.

9.-11. R: 5. R 3 x wdh.

12. R: 4. R wdh = 176 (208, 240, 272) Stb.

13.–20. R: 9.–12. R 2 x wdh = 220 (260, 300, 340) Stb.

21.–23. (24., 26., 28.) R: 3 (4, 5, 6) x bzw. bis zur gewünschten Länge die 5. R wdh.

Beenden.

Fertigstellung

Die Kapuze in der Mitte falten und die Oberkante zusammennähen.

ABSCHLUSSKANTE

1. Rd: Arbeit auf rechts legen, das Garn an der rechten unteren Ecke der Vorderkante anschlingen, 1 Lm, 2 fM in die Ecke, je 2 fM in alle R-Enden der Vorderkante, der Kapuze und der 2. Vorderkante, 3 fM in die Ecke, dann je 1 fM in die nächsten 9 Stb, 2 fM zus, *9 fM, 4 fM um den Lm-Bogen, 9 fM, 2 fM zus, ab * bis zu den letzten 9 M wdh, 9 fM, 2 fM ins letzte Stb, 1 Km in die 1. fM.

2. R: 1 Lm, mit fM die Vorderkante, die Kapuzenkante und die 2. Vorderkante umhäkeln. Beenden.

VERSCHLUSS

HINWEIS: *Sowohl eine Schnur als auch ein Knopf können für kleine Kinder gefährlich sein und bergen immer ein Risiko. Verwenden Sie nach Ermessen den Knopfriegel für Kinder unter 3 Jahren und die Schnürung für ältere Kinder.*

KNOPFRIEGEL (optional)

24 Lm anschl.

1. R: 1 Stb in die 10. Lm ab Nd (= Knopfloch), je 1 Stb in die nächsten 13 Lm = 14 Stb.

2. R: Mit 1 Lm wenden, die Außenkante gleichmäßig mit fM umhäkeln und zur Rd verbinden, um den Lm-Bogen 14 fM arb.

Beenden. Das feste Ende des Riegels genau unterhalb der Kapuze an die rechte Vorderseite stecken. Einen Knopf auf den Riegel legen und Knopf und Riegel an den Poncho nähen. Den 2. Knopf passend zur Knopflochschlaufe an die linke Vorderseite nähen.

POMPONSCHNUR (nicht geeignet für Kinder unter 3 Jahren)

Mit doppeltem Faden eine Luftmaschenkette von 82 cm Länge arbeiten. Beenden. Die Schnur durch die Lochreihe am Hals des Ponchos ziehen. Nach den Herstellerangaben für die Pomponschablone 2 Pompons mit einem Durchmesser von 4 cm anfertigen. Die Pompons an die Schnurenden nähen.

Fäden vernähen.

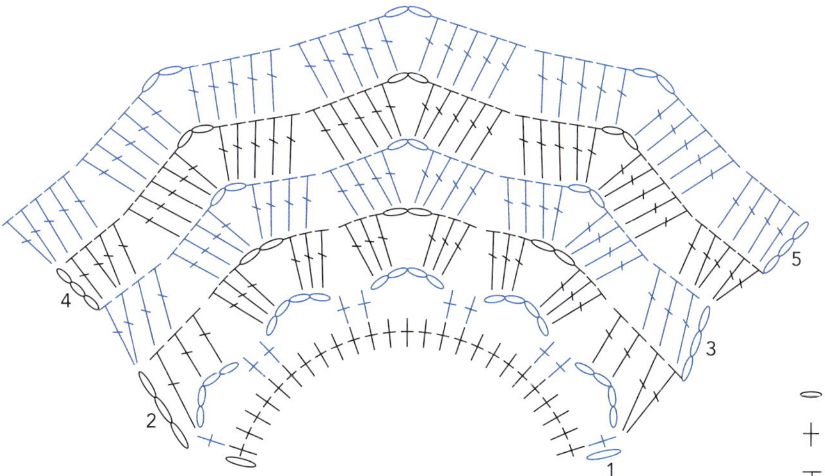

ZICKZACKMUSTER (AUSSCHNITT)

ZEICHENERKLÄRUNG

- ⬭ = Luftmasche (Lm)
- + = feste Masche (fM)
- ⊤ = Stäbchen (Stb)

4

KLEINIG-
KEITEN

Sternchenschuhe

Für diese winzigen Schuhe braucht man nicht lange. Sie werden ohne aufwendige Muster und mit einem Minimum an Garn gearbeitet und sind in ein paar Stunden fertig. Ob Sie sie noch mit einer passenden Mütze (siehe Seite 120) kombinieren oder einfach so überreichen – solch ein Geschenk findet immer Anklang!

SCHWIERIGKEITSGRAD

Leicht

GRÖSSEN	0–3 Monate	3–6 Monate
SOHLENLÄNGE	9 cm	9,5 cm
FARBE A	37 m	46 m
FARBE B	9 m	9 m

MATERIAL

46 (55) m, Garnstärke Standard dick: 1 x Noro *Cash Iroha* (40 % Seide, 30 % Lambswool, 20 % Kaschmir, 10 % Polyamid, 91 m/40 g) (4)

Babyschuhe A (links): Je 1 x Fb 109 Lime Green (A) und Fb 125 Cranberry (B)

Babyschuhe B (rechts): Je 1 x Fb 108 Brown (A) und Fb 109 Lime Green (B)

1 Häkelnadel Nr. 4

1 Wollnadel

Elastischer Nähfaden, 9 m (optional)

MASCHENPROBE

Für dieses Projekt benötigen Sie keine Maschenprobe.

SO WIRD'S GEMACHT

HINWEIS: *Zuerst wird die Sohle in Runden gearbeitet. An drei Seiten der Sohle schließen sich die Seiten und die Ferse an, die in Reihen gehäkelt werden. Die Maschen an der Schuhspitze bleiben unbehäkelt. Der Oberschuh wird separat gearbeitet und angenäht.*

Sohle (2 x arbeiten)

11 Lm mit A anschl.

1. Rd (Hinr): 5 Stb in die 4. Lm ab Nd (Anfangs-Lm zählen als 1. Stb), 4 Stb, 2 hStb, 4 hStb in die nächste Lm; das Teil drehen und an der Unterseite der Lm-Kette zurückarb, 2 hStb, 4 Stb, mit 1 Km in die oberste Anfangs-Lm zur Rd verbinden = 8 hStb, 14 Stb.

2. Rd: 3 Lm (zählen jeweils als 1 Stb), 1 Stb in die 1. M, je 2 Stb in die nächsten 5 M, 6 Stb, je 2 Stb in die nächsten 4 hStb, je 1 Stb in die letzten 6 M, enden mit 1 Km in die oberste Anfangs-Lm = 32 Stb.

Nur Größe 0–3 Monate

3. Rd: 1 Lm, weiter mit fM, dabei nur in die hinteren M-Glieder arb, enden mit 1 Km in die 1. fM = 32 fM.

HINWEIS: *Die Seiten und die Ferse werden in Reihen gehäkelt. Die Maschen an den Schuhspitzen bleiben unbearbeitet.*

4. R: Mit 1 Lm wenden, 2 fM zus, 16 fM, 2 fM zus, die restl M unbearb lassen = 18 fM.

5. R: Mit 1 Lm wenden, 2 fM zus, 14 fM, 2 fM zus = 16 fM.

6. R: Mit 1 Lm wenden, 16 fM = 16 fM.

7. R: Mit 1 Lm wenden, 16 fM, 4 Lm (für Knöchel), mit 1 Km in die 1. fM zur Rd verbinden.

Beenden.

Nur Größe 3–6 Monate

3. Rd: 1 Lm, 4 x [2 fM, 2 fM in die nächste M], 9 fM, je 2 fM in die nächsten beiden Stb, je 1 fM in die restl 9 Stb, enden mit 1 Km in die 1. fM = 38 fM.

4. und 5. Rd: 1 Lm, weiter mit fM, dabei nur in die hinteren M-Glieder arb, enden mit 1 Km in die 1. fM.

HINWEIS: *Die Seiten und die Ferse werden in Reihen gehäkelt. Die Maschen an den Schuhspitzen bleiben unbearbeitet.*

6. R: Mit 1 Lm wenden, 2 fM zus, 19 fM, 2 fM zus, die restl M unbearb lassen = 21 fM.

7. R: Mit 1 Lm wenden, 2 fM zus, 17 fM, 2 fM zus, 1 fM in die nächste unbearb M der Vor-R = 19 fM.

8. R: Mit 1 Lm wenden, weiter mit fM = 19 fM.

9. R: Wenden, Km bis Ende, 4 Lm (für Knöchel), mit 1 Km in die 1. Km zur Rd verbinden.

Beenden.

Sternmotiv (2 x arbeiten)

Mit einem Fadenring beginnen.

1. Rd (Hinr): Mit B 3 Lm anschl (zählen als 1 hStb und 1 Lm), 5 x [1 hStb in den Ring, 1 Lm], enden mit 1 Km in die 2. Anfangs-Lm = 6 hStb, 6 Lm-Bögen. Beenden.

2. Rd: A an einem Lm-Bogen anschlingen, 3 Lm, 2 Stb um den Bogen der Verbindungs-M, je 3 Stb um alle Lm-Bögen, 1 Km in die oberste Anfangs-Lm = 18 Stb.

Faden etwa 30 cm lang abschneiden (zum Nähen).

Fertigstellung

Das Sternmotiv an die Spitze anlegen. Mit dem Fadenende das Motiv annähen. Zum Schluss die Fäden vernähen.

> **TIPP** Für guten Halt an den Seiten und an der Ferse einen elastischen Nähfaden in die letzte Häkelrunde einziehen. Die Kante damit ein wenig zusammenziehen, zum Schluss alle Fadenenden vernähen.

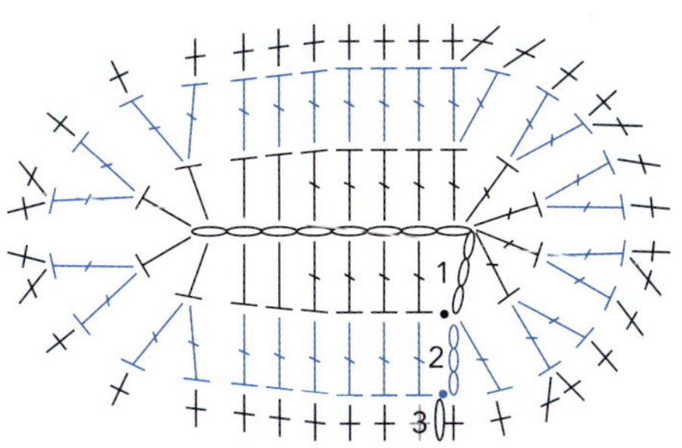

SOHLE

HINWEIS: *Farbig unterlegte 3. Runde nur für Größe 3–6 Monate.*

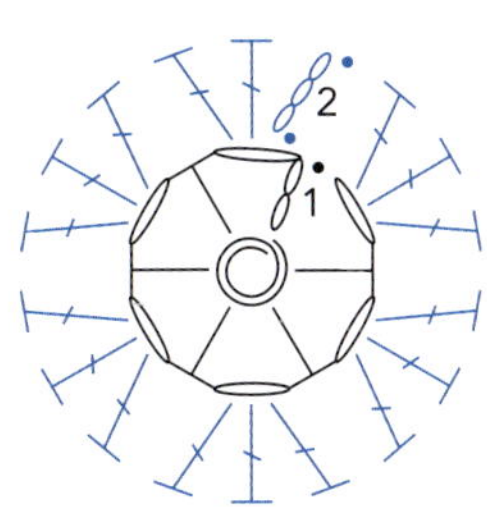

STERNMOTIV

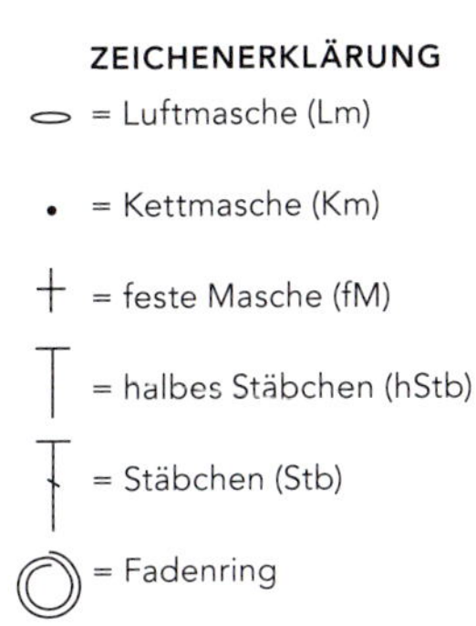

Sonntagslätzchen

Schützen Sie die Kleider Ihrer Kleinen mit diesen hübschen Lätzchen! Eine Fliege für Jungen und Rüschen für Mädchen sorgen für die festliche Note – trotzdem bleiben die Sonntagslätzchen alltagstauglich. Das Muster ist so einfach, dass Sie ausreichend viele Lätzchen herstellen können, bevor das Baby kommt. Über einen verstellbaren Träger wachsen die Lätzchen mit. Arbeiten Sie mit maschinenwaschbarer Baumwolle, die sehr viele Waschgänge aushält.

SCHWIERIGKEITSGRAD

Leicht

GRÖSSE	Einheitsgröße
FERTIGES LÄTZCHEN (Durchmesser, ohne Träger und Rüsche)	19 cm
GARNVERBRAUCH	110 m

MATERIAL

110 m (pro Lätzchen), Garnstärke Standard dick: Coats and Clark *Crème de la Crème* (100 % gekämmte Baumwolle, 115 m/71 g) (4)

Rüschenlätzchen (gegenüber): 1 x Fb 0910 Wood Violet (A)

Lätzchen mit Fliege (Seite 118): Je 1 x Fb 0118 Linen (B) und 0984 Blue Tones (C)

1 Häkelnadel Nr. 3,75 *(ggf. entsprechend Maschenprobe anpassen)*

1 Wollnadel

2 Knöpfe pro Lätzchen, ca. 10–20 mm Durchmesser

1 Nähnadel und Nähgarn

MASCHENPROBE

1.–5. Rd = 11,5 cm Durchmesser

SO WIRD'S GEMACHT

Lätzchen

Mit einem Fadenring in A (Rüschenlätzchen) oder B (Lätzchen mit Fliege) beginnen.

1. Rd (Hinr): 3 Lm (zählen jeweils als 1. Stb), 9 Stb in den Ring, 1 Km in die oberste Anfangs-Lm = 10 Stb.

2. Rd: 3 Lm, 1 Stb in die Einstichstelle der Km, je 2 Stb in jedes folg Stb, 1 Km in die oberste Anfangs-Lm = 20 Stb.

3. Rd: 3 Lm, 2 Stb in das nächste Stb, 9 x [1 Stb, 2 Stb in das nächste Stb], 1 Km in die oberste Anfangs-Lm = 30 Stb.

4. Rd: 3 Lm, 1 Stb, 2 Stb in das nächste Stb, 9 x [2 Stb, 2 Stb in das nächste Stb], 1 Km in die oberste Anfangs-Lm = 40 Stb.

5. Rd: 3 Lm, 2 Stb, 2 Stb in das nächste Stb, 9 x [3 Stb, 2 Stb in das nächste Stb], 1 Km in die oberste Anfangs-Lm = 50 Stb.

ZEICHENERKLÄRUNG

- ⬭ = Luftmasche (Lm)
- • = Kettmasche (Km)
- + = feste Masche (fM)
- ⊤ = Stäbchen (Stb)

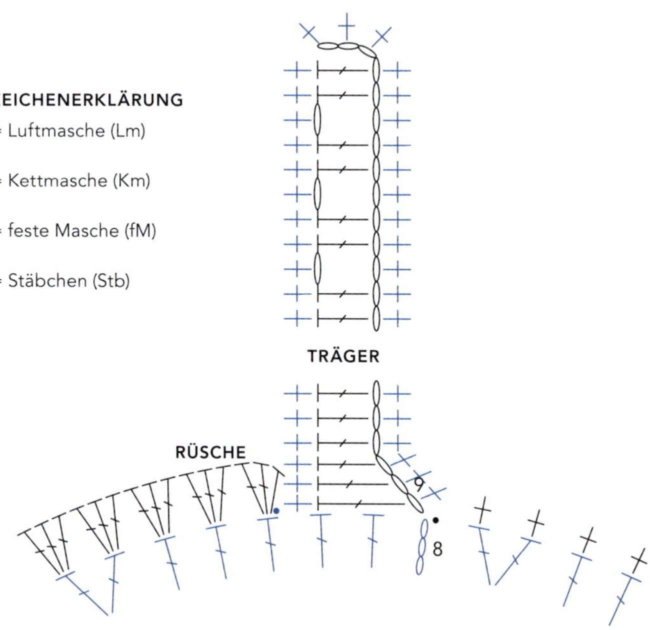

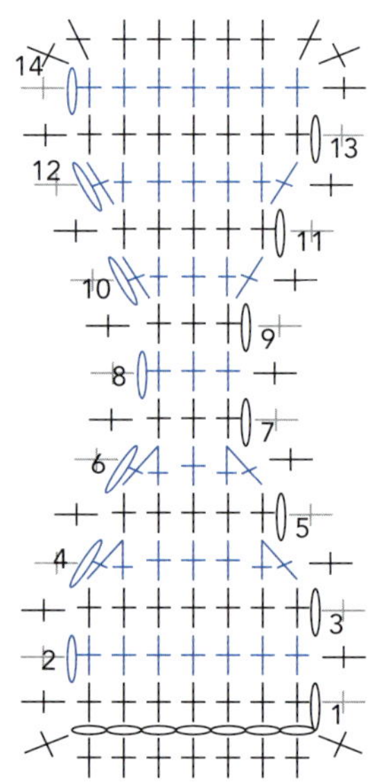

FLIEGE

6. Rd: 3 Lm, 3 Stb, 2 Stb in das nächste Stb, 9 x [4 Stb, 2 Stb in das nächste Stb], 1 Km in die oberste Anfangs-Lm = 60 Stb.

7. Rd: 3 Lm, 4 Stb, 2 Stb in das nächste Stb, 9 x [5 Stb, 2 Stb in das nächste Stb], 1 Km in die oberste Anfangs-Lm = 70 Stb.

8. Rd: 3 Lm, 5 Stb, 2 Stb in das nächste Stb, 9 x [6 Stb, 2 Stb in das nächste Stb], 1 Km in die oberste Anfangs-Lm = 80 Stb.

Faden nicht abschneiden. Weiter mit der Abschlusskante.

Abschlusskante Rüschenlätzchen

9. Rd: 48 Lm (= Trägeranfang), 1 Stb in die 4. Lm ab Nd, 1 Stb, 3 x [mit 1 Lm 1 Stb überspr, 2 Stb] (= 3 Knopflöcher), je 1 Stb in alle restl Lm, die nächsten 2 Stb überspr, [1 Km, 1 hStb, 2 Stb] in das nächste Stb, je 3 Stb in die nächsten 62 Stb, [2 Stb, 1 hStb] in das nächste Stb, weiter mit fM, dann an der Unterkante der Lm-Kette des Trägers weiterarb: je 1 fM in alle Lm, alle Lm am Trägeranfang, alle Stb und Lm-Bögen auf der anderen Trägerseite. Beenden.

Abschlusskante Lätzchen mit Fliege

9. Rd: 48 Lm (= Trägeranfang), 1 Stb in die 4. Lm ab Nd, 1 Stb, 3 x [mit 1 Lm 1 Stb überspr, 2 Stb] (= 3 Knopflöcher), je 1 Stb in alle restl Lm, die nächsten 2 Stb überspr, [1 Km, 1 Lm, 1 fM] in das nächste Stb, 6 fM, 2 Stb in das nächste Stb, 7 x [7 fM, 2 fM in das nächste Stb], 2 fM in das nächste Stb, weiter mit fM, dann an der Unterkante der Lm-Kette des Trägers weiterarb: je 1 fM in alle Lm, alle Lm am Trägeranfang, alle Stb und Lm-Bögen auf der anderen Trägerseite. Beenden.

Fliege

8 Lm mit C anschl.

1. R (Hinr): 1 fM in die 2. Lm ab Nd, weiter je 1 fM in jede Lm = 7 fM.

2. und 3. R: Mit 1 Lm wenden, fM bis Ende.

4. R: Mit 1 Lm wenden, 2 fM zus, fM bis zu den letzten 2 fM, 2 fM zus = 5 fM.

5. und 6. R: Die 3. und 4. R wdh = 3 fM.

7.–9. R: Die 2. R wdh.

10. R: Mit 1 Lm wenden, 2 fM in die 1. fM, fM bis zur letzten fM, in diese 2 fM = 5 fM.

11. und 12. R: Die 9. und 10. R wdh = 7 fM.

13. und 14. R: Die 2. R wdh.

15. R: Mit 1 Lm wenden, die Außenkante gleichmäßig mit fM umhäkeln, in die Ecken jeweils 2 fM arb.

Beenden.

MITTELBAND

9 Lm mit C anschl.

1. R (Hinr): 1 fM in die 2. Lm ab Nd und alle weiteren Lm = 8 fM.

2. R: Mit 1 Lm wenden, weiter mit fM.

Beenden, Faden hängen lassen. Das Band um die Fliegenmitte legen und an den Schmalkanten auf der Rückseite zusammennähen. Die Fliege auf das Lätzchen nähen.

Fertigstellung

Fäden vernähen. An die Oberkante zwei Knöpfe nähen: An einem wird der Träger festgeknöpft, der andere dient nur zur Dekoration.

TIPP Wie die Fliege lassen sich auch Haarschleifen arbeiten. Wählen Sie ein dünneres Garn und eine kleinere Nadel und schon entsteht ein Paar Haarschleifen in der richtigen Größe für Kids!

Beanie und Mütze

Mützen sind immer ein willkommenes Geschenk für Kinder: Sie sind einfach zu häkeln, sehen süß aus und der Garnverbrauch ist gering. Bei manch einem kleinen Wildfang muss man sich allerdings etwas einfallen lassen, damit die Mütze auch auf dem Kopf bleibt! Deshalb gibt es zwei Versionen für dieses Modell: als Mütze mit Kinnband und ohne Kinnband als Beanie. Beide Modelle sind mit Zickzackstreifen verziert und zu beiden finden Sie Angaben für alle Kindergrößen. Vergleichen Sie den Kopfumfang des Kindes mit der Tabelle, um die geeignete Größe zu finden.

SCHWIERIGKEITSGRAD

Mittel

GRÖSSEN	Baby	Kleinkind	Kind
KOPFUMFANG (ungedehnt)	35,5 cm	42 cm	48,5 cm
FARBE A	60 m	69 m	83 m
FARBEN B UND C	je 28 m	je 32 m	je 41 m

HINWEIS: *Bei nur zwei Farben wie bei der Beanie die Garnmenge für den Zickzackstreifen verdoppeln.*

MATERIAL

115 (133, 165) m, Garnstärke Standard dick: 1 x Noro *Cash Iroha* (40 % Seide, 30 % Lambswool, 20 % Kaschmir, 10 % Polyamid, 91 m/40 g) (4)

Beanie (Seite 123): Fb 109 Lime Green (A) und Fb 120 Medium Grey (B)

Mütze mit Kinnband (gegenüber): Fb 120 Medium Grey (A), Fb 125 Cranberry (B) und 109 Pale Pink (C)

1 Häkelnadel Nr. 3,5 *(ggf. entsprechend Maschenprobe anpassen)*

1 Wollnadel

1 herzförmiger Knopf, 3,8 cm Durchmesser (für Kinnband)

MASCHENPROBE

1.–4. Rd = 9 cm Durchmesser

BESONDERE TECHNIKEN

Abnahme bei V-Maschen (V-Abn): Mit 1 U noch einmal in die Einstichstelle der zuvor gearbeiteten M stechen, U durchziehen (= 3 Schlingen auf der Nd = 1. Schenkel der V-M), 1 M überspr, mit 1 U in die nächste M einstechen, 1 U durchziehen (= 2. Schenkel der V-M), mit 1 U alle 5 Schlingen auf der Nd zus abmaschen.

HINWEIS: *Für die nächste Masche nach einer V-Masche in die Einstichstelle des 2. Schenkels der letzten V-Masche einstechen.*

SO WIRD'S GEMACHT

Beanie

Mit einem Fadenring in Fb A beginnen.

1. Rd (Hinr): 3 Lm (zählen jeweils als 1. Stb), 9 Stb in den Ring, mit 1 Km in die oberste Anfangs-Lm schließen = 10 Stb.

2. Rd: 3 Lm, 1 Stb in die Einstichstelle der Km, je 2 Stb in jedes folg Stb, 1 Km in die oberste Anfangs-Lm = 20 Stb.

3. Rd: 3 Lm, 2 Stb in das nächste Stb, 9 x [1 Stb, 2 Stb in das nächste Stb], 1 Km in die oberste Anfangs-Lm = 30 Stb.

4. Rd: 3 Lm, 1 Stb, 2 Stb in das nächste Stb, 9 x [2 Stb, 2 Stb in das nächste Stb], 1 Km in die oberste Anfangs-Lm = 40 Stb.

5. Rd: 3 Lm, 2 Stb, 2 Stb in das nächste Stb, 9 x [3 Stb, 2 Stb in das nächste Stb], 1 Km in die oberste Anfangs-Lm = 50 Stb.

Nur Kleinkind- und Kindergröße

6. Rd: 3 Lm, 3 Stb, 2 Stb in das nächste Stb, 9 x [4 Stb, 2 Stb in das nächste Stb], 1 Km in die oberste Anfangs-Lm = 60 Stb.

Nur Kindergröße

7. Rd: 3 Lm, 4 Stb, 2 Stb in das nächste Stb, 9 x [5 Stb, 2 Stb in das nächste Stb], 4 Stb = 70 Stb.

Alle Größen

6. (7., 8.)–9. (10., 11.) Rd: 3 Lm, weiter mit Stb, 1 Km in die oberste Anfangs-Lm = 50 (60, 70) Stb.

10. (11., 12.) Rd: 2 Lm (zählen jeweils als 1. hStb), 1 M überspr, 1 hStb (Anfangs-Lm und folgendes hStb zählen als 1. V-Abn), 1 Lm, *1 V-Abn, 1 Lm, ab * stets wdh, den 2. Schenkel der letzten V-Abn in die oberste Anfangs-Lm arb, 1 Km in die oberste Anfangs-Lm = 25 (30, 35) V-Abn.

HINWEIS: *In den folgenden Runden werden die V-Maschen um die Luftmaschenbögen gearbeitet und die V-Maschen zwischen den Bögen übersprungen.*

11. (12., 13.) Rd: 10. (11., 12.) Rd mit B wdh.

12. (13., 14.) Rd: 10. (11., 12.) Rd mit A wdh.

13. (14., 15.) Rd: 10. (11., 12.) Rd mit B wdh.

14. (15., 16.) Rd: 1 Lm, je 2 fM um alle Lm-Bögen, 1 Km in die 1. fM = 50 (60, 70) fM.

Beenden und Fäden vernähen.

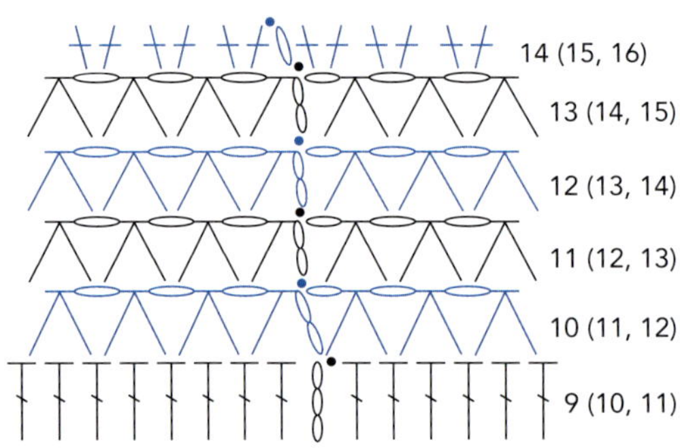

MUSTERAUSSCHNITT MÜTZENRAND

Mütze mit Kinnband

4. (5., 6.) Rd: Wie für Beanie = 40 (50, 60) Stb.

Nur Babygröße

5. Rd: 3 Lm, 2 Stb, 2 Stb in das nächste Stb, 7 x [3 Stb, 2 Stb in das nächste Stb], 2 Stb, die restl M unbehäkelt lassen = 42 Stb.

Nur Kleinkindgröße

6. Rd: 3 Lm, 3 Stb, 2 Stb in das nächste Stb, 7 x [4 Stb, 2 Stb in das nächste Stb], 2 Stb, die restl M unbehäkelt lassen = 50 Stb.

Nur Kindergröße

7. Rd: 3 Lm, 4 Stb, 2 Stb in das nächste Stb, 7 x [5 Stb, 2 Stb in das nächste Stb], 4 Stb, die restl M unbehäkelt lassen = 60 Stb.

Alle Größen

HINWEIS: *Ab hier Seiten und Oberkopf in Reihen arbeiten. Am Anfang jeder Reihe die Arbeit wenden.*

1.–4. (4., 5.) R: Mit 3 Lm wenden, weiter mit Stb = 42 (50, 60) Stb.

5. (5., 6.) R (Hinr): 2 Lm (zählen jeweils als 1. hStb), wenden, 1 hStb, 1 Lm, *1 V-Abn, 1 Lm, ab * wdh bis zu den letzten 2 Stb, 1 V-Abn, 21 (23, 27) Lm (für Träger) = 20 (24, 29) V-Abn, 4 hStb, 21 (23, 27) Lm. Beenden.

HINWEIS: *In den folgenden Reihen werden die V-Maschen um die Luftmaschenbögen gearbeitet und die V-Maschen zwischen den Bögen übersprungen.*

6. (6., 7.) R: Arbeit auf rechts legen, B mit 1 Km an der obersten Anfangs-Lm der Vor-R anschlingen, 2 Lm, 1 hStb

überspr, 1 hStb um den Lm-Bogen, 1 Lm, *1 V-Abn, 1 Lm, ab * über alle M (einschl. der Träger-Lm) wdh bis zu den letzten 2 Lm, 1 hStb in dieselbe Lm wie die letzte V-Abn, 1 hStb überspr, 1 hStb in die letzte Lm, dabei A in der letzten M anschlingen = 29 (34, 41) V-Abn, 4 hStb.

7. (7., 8.) R: Mit A 2 Lm arb, wenden, 1 hStb überspr, 1 hStb um den 1. Lm-Bogen, 1 Lm, *1 V-Abn, 1 Lm, ab * stets wdh, dabei den 2. Schenkel der letzten V-Abn in den letzten Lm-Bogen arb, 1 hStb um denselben Lm-Bogen, 1 hStb überspr, 1 hStb in das letzte hStb, dabei C in der letzten M anschlingen = 29 (34, 41) V-Abn, 4 hStb.

8. (8., 9.) R: 7. (7., 8.) R mit C wdh.

ABSCHLUSSKANTE

Arbeit auf rechts legen, A im 1. hStb der 9. (9., 10.) R anschlingen, 1 Lm, je 2 fM in alle Lm-Bögen der Vorder-/Zickzackkante und des Kinnbands. Für das Knopfloch: 6 fM an der Schmalseite des Kinnbands arb, mit 4 Lm wenden, 4 fM überspr, 1 Km in die letzte fM, wenden, fM in alle Lm. Die gegenüberliegende Kante des Kinnbands und die Unterkante der Mütze gleichmäßig mit fM umhäkeln, mit 1 Km in die 1. fM enden.

FERTIGSTELLUNG

Den Knopf an der vorderen Kante der Mütze dort annähen, wo das Kinnband endet.

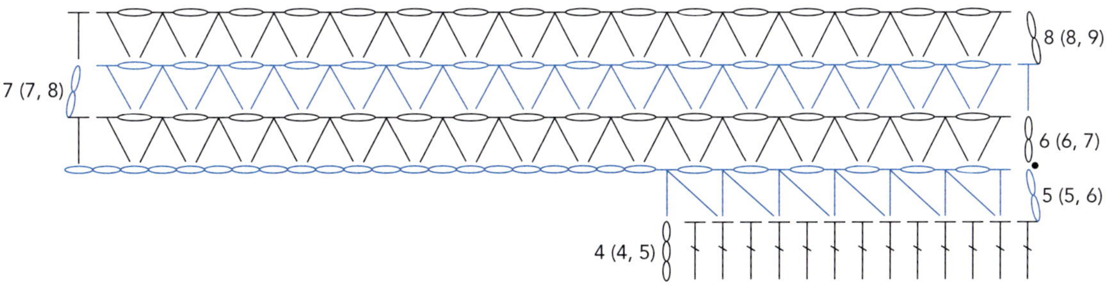

MUSTERAUSSCHNITT KINNBAND

ZEICHENERKLÄRUNG

= Luftmasche (Lm)

= Kettmasche (Km)

= halbes Stäbchen (hStb)

= Stäbchen (Stb)

= V-Abnahme (V-Abn)

Waschlappen

Mit diesen zart strukturierten Waschlappen macht das Baden Spaß! Weil sie direkt mit der empfindlichen Babyhaut in Kontakt kommen, sollten Sie schadstoffgeprüftes dünnes Baumwollgarn verwenden.

SCHWIERIGKEITSGRAD

Leicht

GRÖSSE	Einheitsgröße
KÄSTCHEN-WASCHLAPPEN	20,5 x 20,5 cm
UNI-WASCHLAPPEN	21 x 21 cm
FARBEN A, B, UND C (Kästchen-Waschlappen)	je 55 m
FARBE B (Uni-Waschlappen)	18 m
FARBE D (Uni-Waschlappen)	91 m

MATERIAL

457 m, Garnstärke Standard mittel: Je 1 x Sublime *Organic Cotton* (100 % Biobaumwolle, 110 m/50 g) in Fb 96 Bone (A), Fb 91 Peapod (B), Fb 92 Borage (C) und Fb 94 Scrumble (D)

1 Häkelnadel Nr. 3,75 *(ggf. entsprechend Maschenprobe anpassen)*

1 Wollnadel

MASCHENPROBE

20 M und 8 R = 10 x 10 cm im Kästchenmuster

18 M und 17 R = 10 x 10 cm im Uni-Muster

SO WIRD'S GEMACHT

Kästchen-Waschlappen

HINWEIS: *Obwohl Sie mit drei Farben arbeiten, müssen Sie zum Schluss nur sechs Fadenenden vernähen. Dafür die erste Reihe mit Farbe A bis zur letzten Masche und für den Farbwechsel den letzten Umschlag mit Farbe B arbeiten. Die nächste Reihe mit B bis zur letzten Masche häkeln und für den letzten Umschlag Farbe C aufnehmen. Im Folgenden an jedem Reihenende zur jeweils anderen Farbe wechseln.*

37 Lm mit A anschl.

1. R (Rückr): 1 fM in die 2. Lm ab Nd, weiter je 1 fM in alle Lm = 36 fM.

2. R (Hinr): 3 Lm (zählen jeweils als 1. Stb), wenden, 3 Stb, *mit 4 Lm 4 fM überspr, 4 Stb, ab * stets wdh = 20 Stb, 4 Lm-Bögen.

3. R: Mit B 4 Lm arb, wenden, die ersten 4 Stb überspr, um die 4 Lm herum je 1 Stb in die 4 übersprungenen M 2 R tiefer arb, *mit 4 Lm 4 Stb überspr, um die 4 Lm herum je 1 Stb in die 4 übersprungenen M 2 R tiefer arb, ab * wdh bis zu den letzten 4 M, 4 Lm, 3 Stb überspr, 1 Km in die oberste Wende-Lm.

4. R: Mit C 3 Lm arb, wenden, um die 4 Lm herum je 1 Stb in die 3 übersprungenen M 2 R tiefer arb, *4 Lm, 4 Stb überspr, um die Lm herum 4 Stb in die übersprungenen M 2 R tiefer arb, ab * stets wdh.

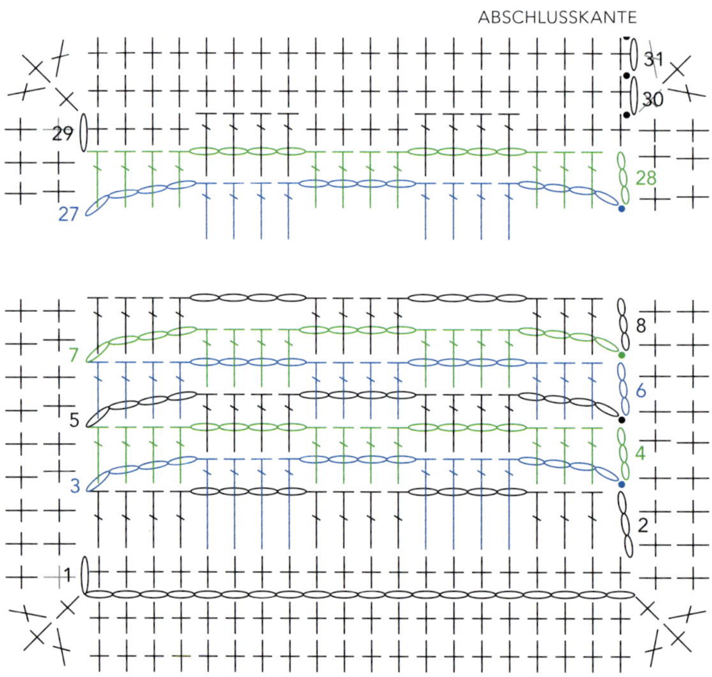

KÄSTCHENMUSTER (AUSSCHNITT)

ZEICHENERKLÄRUNG

- ⬭ = Luftmasche (Lm)
- • = Kettmasche (Km)
- + = feste Masche (fM)
- ǂ = Stäbchen (Stb)
- ■ = Farbe A
- ■ = Farbe B
- ■ = Farbe C

5.–28. R: 3. und 4. R wdh, dabei am Ende jeder R die Fb wechseln und jeweils 1 R mit A, 1 R mit B und 1 R mit C arb.

29. R (Rückr): Mit A 1 Lm arb, wenden, je 1 fM in die nächsten 4 Stb, *um die Lm herum je 1 Stb in die 4 übersprungenen M 2 R tiefer arb, je 1 fM in die nächsten 4 Stb, ab * stets wdh = 16 Stb, 20 fM. Faden nicht abschneiden. Die Abschlusskante mit A arb.

ABSCHLUSSKANTE

30. R: Mit 1 Lm wenden, die Kante gleichmäßig mit 132 fM umhäkeln, dabei in die Ecken je 3 fM arb, mit 1 Km in die 1. fM die Rd schließen = 132 fM.

31. Rd: 1 Lm, weiter mit fM, in die Ecken je 3 fM = 140 fM.

Beenden und Fäden vernähen.

Uni-Waschlappen

51 Lm mit D anschl.

1. R (Hinr): 1 Lm, 1 fM in die 2. Lm ab Nd, 1 Lm überspr, (1 fM, 2 Lm, 1 fM) um die nächste Lm (= 1 V-M), *2 fM überspr, (1 fM, 2 Lm, 1 fM) um die nächste Lm, ab * wdh bis zu den letzten 2 Lm, 1 Lm überspr, 1 fM = 16 V-M.

2.–31. R: Mit 1 Lm wenden, 1 fM in die 1. fM, (1 fM, 2 Lm, 1 fM) um alle Lm-Bögen, 1 fM in die letzte fM.

32. R: Mit 1 Lm wenden, 1 fM in die 1. fM, 1 Lm, 1 fM um den Bogen, *2 Lm, 1 fM um den Bogen, ab * wdh bis zur letzten fM, 1 Lm, 1 fM = 18 fM. Beenden.

ABSCHLUSSKANTE

33. R: Arbeit auf rechts legen, B in der oberen rechten Ecke anschlingen, 1 Lm, dann je 1 V-M in alle fM bis R-Ende, in jedes zweite R-Ende an der Seite, in den Fuß der 1. fM, in jede V-M an der Unterkante der Anfangs-Lm-Kette, in den Fuß der letzten fM und in jedes zweite R-Ende an der letzten Seitenkante, mit 1 Km in die 1. fM die Rd schließen = 66 V-M. Beenden und Fäden vernähen.

TIPP Derart saugfähige Strukturmuster sind auch besonders gut für Spucktücher geeignet. Dafür bis zu einer Höhe von 46 cm wie für die Waschlappen arbeiten, anschließend die Abschlusskante mit entsprechend erhöhter Maschenzahl anfügen. Für ein Tuch im Unimuster werden etwa 250 m Garn benötigt, für ein Tuch im Kästchenmuster brauchen Sie etwa 370 m.

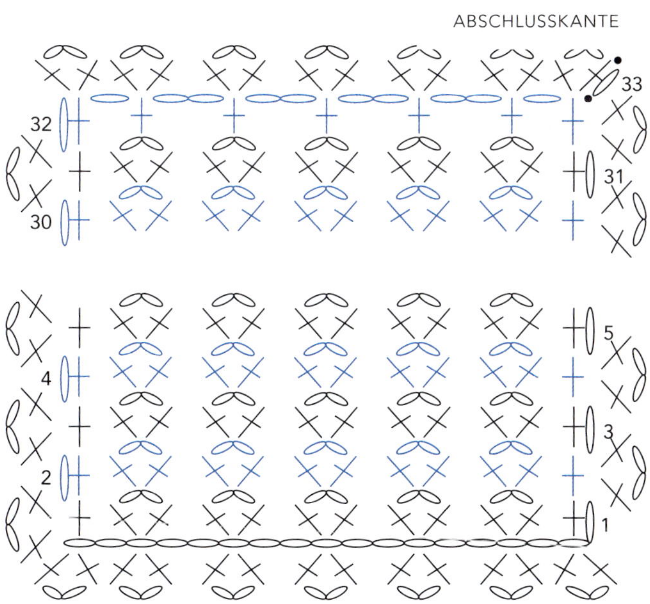

UNIMUSTER (AUSSCHNITT)

ZEICHENERKLÄRUNG

- ⬭ = Luftmasche (Lm)
- • = Kettmasche (Km)
- + = feste Masche (fM)

Kisseneule

Dieses Kissen in Übergröße eignet sich wunderbar zum Knuddeln. Alle, die das Kinderzimmer betreten, werden sofort begeistert sein. Die Eule ist auch ein tolles Projekt, um Garnreste aufzubrauchen. Sie können die Farben beliebig wechseln oder nach der Anleitung breite Blockstreifen häkeln. So entsteht eine Kissenhülle mit verdecktem Reißverschluss, die sich zum Waschen leicht abziehen lässt. Eine einfache Nähanleitung für das Kissenfutter ist ebenfalls beigefügt.

SCHWIERIGKEITSGRAD

Leicht

GRÖSSE	Einheitsgröße
FERTIGE EULE (ausgestopft)	35,5 cm breit, 43 cm hoch
FARBE A	165 m
FARBE B	201 m
FARBEN C UND D	je 119 m
FARBEN E UND F	je 46 m

MATERIAL

695 m, Garnstärke Standard dick: 1 x Cascade Yarns *220 Superwash* (100 % Superwash-Wolle, 201 m/ 100 g) in Fb 810 Teal (A), Fb 819 Chocolate (B), Fb 906 Chartreuse (C), Fb 824 Yellow (D), Fb 871 White (E) und Fb 877 Golden (F) (3)

1 Häkelnadel Nr. 3,75 *(ggf. entsprechend Maschenprobe anpassen)*

1 Wollnadel

Lange Stecknadeln

Baumwollstoff, 60 x 112 cm

1 Reißverschluss, 55 cm

Schneiderkreide

1 Schere

1 Nähmaschine (optional)

1 Nähnadel und Nähgarn in passenden Farben

Füllwatte aus Polyester oder Wolle, ca. 570 g

MASCHENPROBE

17 M und 9 R = 10 x 10 cm im Stb-Muster

TIPP Achten Sie darauf, dass die Wolle waschbar ist. Geeignet sind z. B. Superwash-Wolle, Baumwolle und Mischfasern mit Polyacryl.

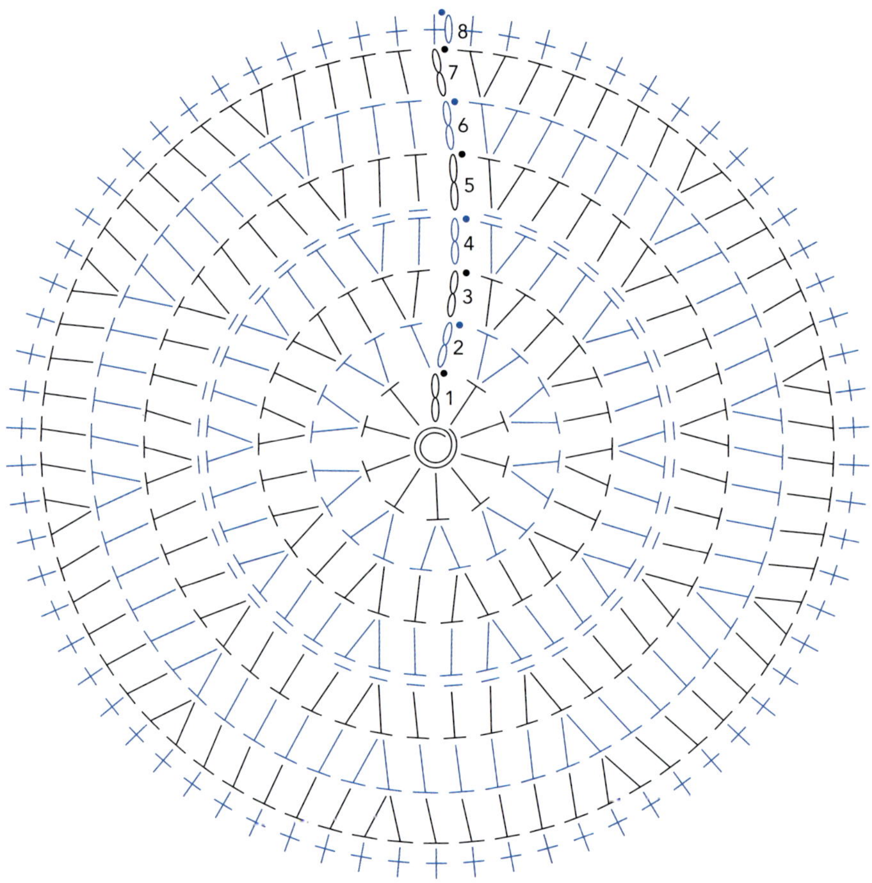

AUGE

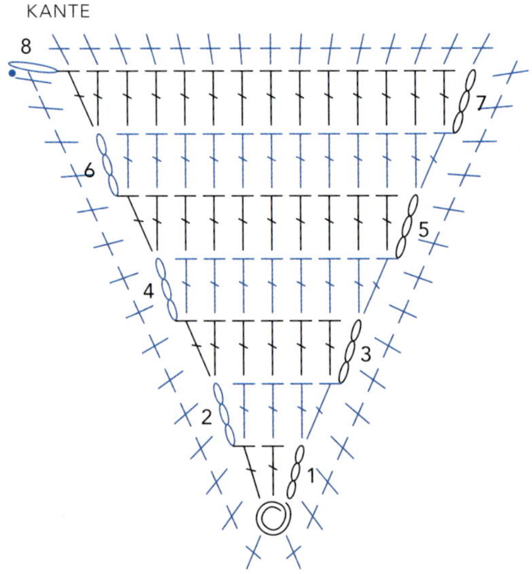

SCHNABEL

ZEICHENERKLÄRUNG

- = Luftmasche (Lm)
- = Kettmasche (Km)
- = feste Masche (fM)
- = halbes Stäbchen (hStb)
- = Stäbchen (Stb)
- = ins hintere Maschenglied
- = Fadenring

SO WIRD'S GEMACHT

HINWEIS: *Das Kissen kann auch ohne Reißverschluss gearbeitet werden. Die Anleitung dafür findet sich auf Seite 135. Nach Runde 39 muss man sich entscheiden.*

Kissenhülle

33 Lm mit A anschl.

1. Rd (Vorderseite): 5 Stb in die 4. Lm ab Nd (Anfangs-Lm zählen als 1. Stb), 28 Stb, 6 Stb in die nächste Lm, das Teil drehen und an der Unterseite der Lm-Kette 28 Stb zurückarb, mit 1 Km in die oberste Anfangs-Lm die Rd schließen = 68 Stb.

2. Rd: 3 Lm (zählen jeweils als 1. Stb), 1 Stb, je 2 Stb in die nächsten 5 Stb, 28 Stb, je 2 Stb in die nächsten 6 Stb, 28 Stb, 1 Km in die oberste Anfangs-Lm = 80 Stb.

3. Rd: 3 Lm, 2 Stb in das nächste Stb, 5 x [1 Stb, 2 Stb in das nächste Stb], 28 Stb, 6 x [1 Stb, 2 Stb in das nächste Stb], 28 Stb, 1 Km in die oberste Anfangs-Lm = 92 Stb.

4. Rd: 3 Lm, 1 Stb, 2 Stb in das nächste Stb, 5 x [2 Stb, 2 Stb in das nächste Stb], 28 Stb, 6 x [2 Stb, 2 Stb in das nächste Stb], 28 Stb, 1 Km in die oberste Anfangs-Lm = 104 Stb.

5. Rd: 3 Lm, 5 Stb, 2 Stb in das nächste Stb, *3 Stb, 2 Stb in das nächste Stb, ab * stets wdh, in die letzten 5 Stb je 1 Stb, 1 Km in die oberste Anfangs-Lm = 128 Stb.

6.–12. Rd: 3 Lm, weiter mit Stb, 1 Km in die oberste Anfangs-Lm. A abschneiden.

13.–20. Rd: 6. Rd mit B wdh. B abschneiden.

21.–26. Rd: 6. Rd mit C wdh. C abschneiden.

27.–34. Rd: 6. Rd mit D wdh. D abschneiden.

13 M rechts von der Km einen MM setzen.

35. Rd: B an der markierten M ansetzen, 1 Lm, 1 fM in dieselbe M, dann 5 fM, 6 hStb, 40 Stb, 6 hStb, 12 fM, 6 hStb, 40 Stb, 6 hStb, 6 fM, 1 Km in die 1. fM = 24 fM, 24 hStb, 80 Stb.

36.–39. Rd: 1 Lm, 6 fM, 6 hStb, 40 Stb, 6 hStb, 12 fM, 6 hStb, 40 Stb, 6 hStb, 6 fM, 1 Km in die 1. fM.

40. Rd: Die ersten 2 M überspr, 4 Stb in die nächste M (= 1 Muschel), 1 M überspr, *1 Km in die nächste M, 1 M überspr, 4 Stb in die nächste M, 1 M überspr, ab * stets wdh, 1 Km in die 1. fM der Vor-Rd = 32 Muscheln.

Beenden.

Augen (2 x arbeiten)

Mit einem Fadenring in Fb B beginnen.

1. Rd (Vorderseite): 2 Lm (zählen jeweils als 1. hStb), 9 hStb in den Ring, 1 Km in die oberste Anfangs-Lm = 10 hStb.

2. Rd: 2 Lm, 1 hStb in die Einstichstelle der Km, je 2 hStb in jedes folg hStb, 1 Km in die oberste Anfangs-Lm = 20 hStb.

3. Rd: 2 Lm, 2 hStb in das nächste hStb, 9 x [1 hStb, 2 hStb in das nächste hStb], 1 Km in die oberste Anfangs-Lm = 30 hStb.

4. Rd: 2 Lm, 1 hStb, 2 hStb in das nächste hStb, 9 x [2 hStb, 2 hStb in das nächste hStb], 1 Km in die oberste Anfangs-Lm = 40 hStb. B abschneiden.

5. Rd: 2 Lm mit A, dann nur in die hinteren M-Glieder arb: 2 hStb, 2 hStb in das nächste hStb, 9 x [3 hStb, 2 hStb in das nächste hStb], 1 Km in die oberste Anfangs-Lm = 50 hStb. A abschneiden.

6. Rd: 2 Lm mit E arb, dann 3 hStb, 2 hStb in das nächste hStb, 9 x [4 hStb, 2 hStb in das nächste hStb], 1 Km in die oberste Anfangs-Lm = 60 hStb.

7. Rd: 2 Lm, 4 hStb, 2 hStb in das nächste hStb, 9 x [5 hStb, 2 hStb in das nächste hStb], 1 Km in die oberste Anfangs-Lm = 70 hStb.

8. Rd: 1 Lm, weiter mit fM, 1 Km in die 1. fM = 70 fM.

Beenden.

Schnabel

Mit einem Fadenring in Fb F beginnen.

1. R (Hinr): 3 Lm, 2 Stb um den Ring arb = 3 Stb.

2. R (Rückr): Mit 3 Lm wenden, 1 Stb in das 1. Stb, dann 1 Stb, 2 Stb in das letzte Stb = 5 Stb.

3. R: Mit 3 Lm wenden, 1 Stb in das 1. Stb, weiter mit Stb, enden mit 2 Stb in das letzte Stb = 7 Stb.

4.–6. R: 3. R wdh = 13 Stb.

7. R (Hinr): 3. R wdh = 15 Stb.

8. R (Hinr): Nicht wenden, 1 Lm, dann die Kante des Schnabels gleichmäßig mit 45 fM umhäkeln, mit 1 Km in die 1. fM die Rd schließen = 45 fM.

Beenden.

AUGEN UND SCHNABEL AUFHÄKELN

Augen und Schnabel wie im Bild auf die Kissenvorderseite stecken. Mit B für die Augen und F für den Schnabel die Teile mit Kettmaschen aufhäkeln (Aufhäkeln, siehe Seite 153).

Das Kissenfutter nähen

Den Stoff quer falten und glatt auslegen. Die Muschelkanten des Eulenbezugs bündig zusammenlegen und den Häkelbezug auf den Stoff legen. Mit einer Zugabe von 2,5 cm den Umriss der Eule mit Schneiderkreide auf den Stoff zeichnen. 2,5 cm unterhalb der gezeichneten Oberkante eine Parallele ziehen und die erste Linie entfernen (oder ignorieren).

Beide Stofflagen am gezeichneten Umriss zuschneiden. Die beiden Stoffstücke links auf links legen und zusammenstecken. Mit 1,5 cm Kantenabstand ringsherum nähen, dabei eine der geraden Kanten in der Mitte über ca. 21 cm offen lassen. Das Futter auf die rechte Seite wenden und bügeln, die Schnittkanten an der Öffnung um 1,5 cm nach innen bügeln. Das Kissenfutter fest mit Füllwatte ausstopfen, dann die Öffnung von Hand zunähen.

Fertigstellung

Fäden vernähen. Eine Reißverschlussseite innen, unmittelbar unterhalb der Muschelkante, an die Kissenhülle stecken und von Hand annähen. Die andere Reißverschlussseite ebenfalls unterhalb der Muschelkante an die gegenüberliegende Innenseite nähen. Beim Annähen den Reißverschluss öffnen. Das gefüllte Kissen in die gehäkelte Hülle legen und den Reißverschluss schließen.

VARIANTE OHNE REISSVERSCHLUSS

Für das Kissen ohne Reißverschluss die Arbeit nach Runde 39 beenden. Das ausgestopfte Kissenfutter in die gehäkelte Hülle legen. Die Vorder- und Rückseite der Hülle an der Oberkante über dem Innenkissen zusammenstecken und wie folgt die Muschelkante anfügen:

40. R (Rückr): Die Häkel-Nd von der Kissenrückseite durch beide Lagen einstechen und mit 1 fM in die 1. M Garn in Fb B anschlingen. Gleichmäßig verteilt 63 fM in die Oberkante der Hülle arb, dabei nach und nach die Steck-Nd entfernen = 64 fM.

41. R (Hinr): Wenden und 1. M überspr, *4 Stb in die nächste M (= 1 Muschel), 1 M überspr, 1 Km, 1 M überspr, ab * stets wdh = 16 Muscheln.

Beenden und Fäden vernähen.

variante

Das Garn ersetzen durch Cascade *220 Superwash* in Fb 807 Magenta (A), 819 Braun (B), 877 Gold (C) und 829 Pink (D). Für den Schnabel verwenden Sie Fb 822 Burnt Orange (F).

Tegues Klingelball

In diesem schönen Spielzeug vereinen sich Struktur, Farbe und Klang und damit spricht der Ball gleich mehrere kindliche Sinne an. Wählen Sie Kontrastfarben und verstecken Sie einige Glöckchen in der Füllung – so ist der Spielespaß garantiert! Der Ball wird sehr dicht gehäkelt, damit die Füllung nicht nach außen dringen kann. Ich habe ihn entworfen, als mein Neffe sechs Monate alt war, und er liebt ihn immer noch!

SCHWIERIGKEITSGRAD

Mittel

GRÖSSE	Einheitsgröße
FERTIGER BALL	20 cm Durchmesser, 61 cm Umfang
FARBE A, B, C, D, UND E	je 91 m

MATERIAL

457 m, Garnstärke Standard mittel: Je 1 x Red Heart *Designer Sport* (100 % Polyacryl, 255 m/85 g), Fb 3529 Grape (A), 3620 Celadon (B), 3515 Lagoon (C), 3570 Iced Violet (D) und 3650 Pistachio (E) (3)

1 Häkelnadel Nr. 3,75

1 Wollnadel

Füllwatte aus Polyester oder Wolle, ca. 284 g

6 Glöckchen (3 x mit 10 mm, 3 x mit 35 mm Durchmesser)

MASCHENPROBE

Eine Maschenprobe ist nicht nötig, es sollte aber fest und dicht gehäkelt werden, damit die Füllung nicht durch die Maschen dringen kann.

SO WIRD'S GEMACHT

HINWEISE: *Es wird durchgängig mit doppeltem Faden gearbeitet. Damit sich die Fäden nicht verheddern, jeweils den Faden vom äußeren und inneren Ende eines Knäuels zusammen aufwickeln. Auf diese Weise alle Farben vorbereiten. Sollten sich die Fäden während der Arbeit dennoch verheddern, einfach abschneiden, die Enden auf der Innenseite verknoten und neu ansetzen.*

Den Farbwechsel jeweils am Rundenende vornehmen. Die Farbfolge wird durchgängig beibehalten: Je 1 Runde mit A, B, C, D und E häkeln. Für den Farbwechsel den letzten Umschlag der letzten Masche bereits mit dem neuen Garn arbeiten.

Mit einem Fadenring und doppeltem Faden in Fb A beginnen.

1. Rd (Außenseite): 3 Lm (zählen jeweils als 1. Stb), 9 Stb in den Ring, 1 Km in die oberste Anfangs-Lm = 10 Stb.

2. Rd: 1 Lm, 1 fM, 4 Stb in das nächste Stb (= 1 Muschel), 4 x [1 fM, 4 Stb in das nächste Stb], 1 Km in die 1. fM = 5 Muscheln.

3. Rd: 3 Lm, 2 Stb in die 1. fM der Vor-Rd, 2 Stb überspr, 1 fM, 1 Stb überspr, 4 x [5 Stb in die nächste fM (= 1 Muschel), 2 Stb überspr, 1 fM, 1 Stb überspr], 2 Stb in die 1. fM der Vor-Rd, 1 Km in die oberste Anfangs-Lm = 5 Muscheln.

4. Rd: 1 Lm, 1 fM, 5 Stb in das nächste Stb, 1 fM, 1 Stb überspr, 5 Stb in das nächste Stb, 4 x [1 Stb überspr, 1 fM, 5 Stb in das nächste Stb, 1 fM, 1 Stb überspr, 5 Stb in das nächste Stb], 1 Km in die 1. fM = 10 Muscheln.

5. Rd: 3 Lm, 2 Stb in die 1. fM der Vor-Rd, 2 Stb überspr, 1 fM, 2 Stb überspr, 9 x [5 Stb in die nächste fM, 2 Stb überspr, 1 fM, 2 Stb überspr], 2 Stb in die 1. fM der Vor-Rd, 1 Km in die oberste Anfangs-Lm.

6. Rd: 1 Lm, 1 fM in die 1. fM der Vor-Rd, 2 Stb überspr, 7 Stb in die nächste fM, 2 Stb überspr, 9 x [1 fM, 2 Stb überspr, 7 Stb in die nächste fM, 2 Stb überspr], 1 Km in die 1. fM = 10 Muscheln.

7. Rd: 3 Lm, 3 Stb in die 1. fM der Vor-Rd, 3 Stb überspr, 1 fM, 3 Stb überspr, 9 x [7 Stb in die nächste fM, 3 Stb überspr, 1 fM, 3 Stb überspr], 3 Stb in die 1. fM der Vor-Rd, 1 Km in die oberste Anfangs-Lm.

8. Rd: 1 Lm, 1 fM in die 1. fM der Vor-Rd, 3 Stb überspr, 7 Stb in die nächste fM, 3 Stb überspr, 9 x [1 fM, 3 Stb überspr, 7 Stb in die nächste fM, 3 Stb überspr], 1 Km in die 1. fM.

9. Rd: 3 Lm, 3 Stb in die 1. fM der Vor-Rd, 3 Stb überspr, 1 fM, 3 Stb überspr, 9 x [8 Stb in die nächste fM, 3 Stb überspr, 1 fM, 3 Stb überspr], 4 Stb in die 1. fM der Vor-Rd, 1 Km in die oberste Anfangs-Lm = 10 Muscheln.

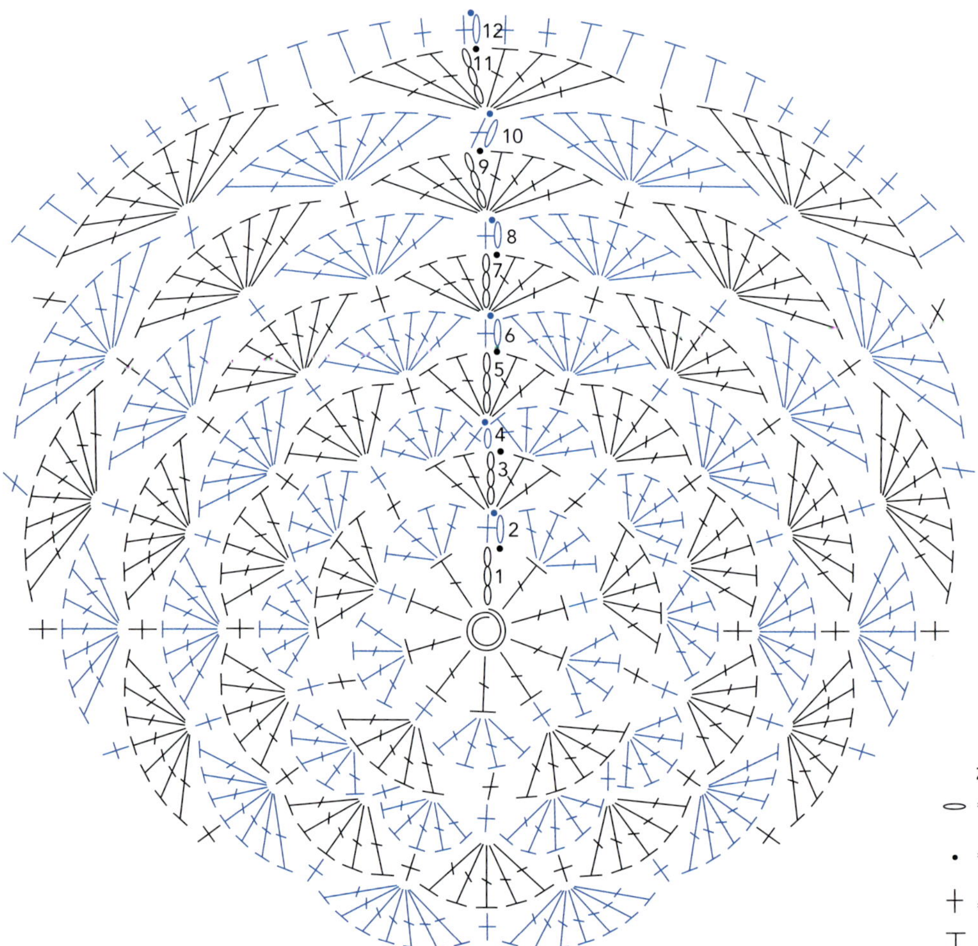

1.–12. RUNDE

ZEICHENERKLÄRUNG

- = Luftmasche (Lm)
- = Kettmasche (Km)
- = feste Masche (fM)
- = halbes Stäbchen (hStb)
- = Stäbchen (Stb)
- = Fadenring

10. Rd: 1 Lm, 1 fM in die 1. fM der Vor-Rd, 3 Stb überspr, 8 Stb in die nächste fM, 4 Stb überspr, 9 x [1 fM, 3 Stb überspr, 8 Stb in die nächste fM, 4 Stb überspr], 1 Km in die 1. fM.

11. Rd: 3 Lm, 3 Stb in die 1. fM der Vor-Rd, 3 Stb überspr, 1 fM, 4 Stb überspr, 9 x [8 Stb in die nächste fM, 3 Stb überspr, 1 fM, 4 Stb überspr], 4 Stb in die 1. fM der Vor-Rd, 1 Km in die oberste Anfangs-Lm.

12. Rd: 1 Lm, 1 fM in die 1. fM der Vor-Rd, 1 fM, 5 hStb, 9 x [4 fM, 5 hStb], 2 fM, 1 Km in die 1. fM = 40 fM, 50 hStb.

HINWEIS: *In den restlichen Runden jeweils nur in die hinteren Maschenglieder einstechen.*

13.–14. Rd: 2 Lm (zählen nicht als M), weiter mit hStb, 1 Km in das 1. hStb = 90 hStb.

15. Rd: 2 Lm, 10 x [2 hStb zus, 7 hStb], 1 Km in die 1. M = 80 hStb.

16. Rd: Wie 13. Rd.

17. Rd: 2 Lm, 10 x [2 hStb zus, 6 hStb], 1 Km in die 1. M = 70 hStb.

18. Rd: Wie 13. Rd.

19. Rd: 2 Lm, 10 x [2 hStb zus, 5 hStb], 1 Km in die 1. M = 60 hStb.

20. Rd: Wie 13. Rd.

21. Rd: 2 Lm, 10 x [2 hStb zus, 4 hStb], 1 Km in die 1. M = 50 hStb.

HINWEIS: *Alle Fadenenden auf der Innenseite des Balls vernähen oder verknoten. Den Ball ausstopfen und dabei die Glöckchen in die Mitte der Füllung einstecken. So fest ausstopfen wie möglich und alle paar Runden Füllwatte nachstopfen, bis der Ball richtig fest ausgefüllt und rund geworden ist.*

TIPP Für einen sanfteren Klang die großen Glöckchen mit der Zange öffnen, jeweils ein kleineres Glöckchen einlegen und das große Glöckchen wieder schließen.

22. Rd: Wie 13. Rd.

23. Rd: 2 Lm, 10 x [2 hStb zus, 3 hStb], 1 Km in die 1. M = 40 hStb.

HINWEIS: *Im Folgenden die Fäden jeweils am Rundenende abschneiden und einhäkeln. Ist der Ball erst einmal geschlossen, wird es zu schwierig, die Fäden zu vernähen.*

24. Rd: Wie 13. Rd.

25. Rd: 2 Lm, 10 x [2 hStb zus, 2 hStb], 1 Km in die 1. M = 30 hStb.

26. Rd: 2 Lm, 10 x [2 hStb zus, 1 hStb], 1 Km in die 1. M = 20 hStb.

27. Rd: 2 Lm, weiter jeweils 2 hStb zus, 1 Km in die 1. M = 10 hStb.

28. Rd: Wie 27. Rd = 5 hStb.

Beenden, Faden ca. 20 cm lang hängen lassen. Das Fadenende mithilfe der Wollnadel durch die Maschen der letzten Runde ziehen, dann straff anziehen und die Öffnung fest schließen. Fäden vernähen.

miniBALL

Um den Miniball herzustellen, nach Anleitung arbeiten, aber mit einfachem Faden und einer Häkelnadel Nr. 3,25. Ich habe drei statt fünf Farben verwendet (Farbfolge C, B, E), wobei je Farbe ca. 46 m Garn benötigt werden. Der Ball hat einen Durchmesser von 15 cm und einen Umfang von 48 cm.

Ringelgiraffe

Diese Giraffe findet man nicht in freier Wildbahn, denn sie hat Streifen statt Flecken! Mit ihren dünnen Beinen und dem langen Hals lässt sie sich von kleinen Händen gut greifen. Besonders hübsch sieht sie aus, wenn sie mit vielen Farben gehäkelt wird. Wenn Sie jedoch eine traditionellere Giraffe möchten, arbeiten Sie in Uni und sticken die Flecken auf.

SCHWIERIGKEITSGRAD

Mittel

GRÖSSE	Einheitsgröße
HÖHE (einschließlich Ohren)	42 cm
FARBEN A UND B	je 91 m

MATERIAL

183 m, Garnstärke Standard dick: Je 1 x Lion Brand *Cotton Ease* (50 % Baumwolle, 50 % Polyacryl, 188 m/100 g), Fb 186 Maize (A) and Fb 134 Terra Cotta (B) (4)

1 Häkelnadel Nr. 3,75

1 Wollnadel

Füllwatte aus Polyester oder Wolle

ca. 1 m Garnrest (für die Augen)

1 Sticknadel

1 Maschenmarkierer (MM)

MASCHENPROBE

Eine Maschenprobe ist nicht nötig, es sollte aber fest und dicht gehäkelt werden, damit die Füllung nicht durch die Maschen dringen kann.

SO WIRD'S GEMACHT

HINWEISE: *Zuerst die vier Beine fertigstellen und den Körper bis zum angegebenen Punkt häkeln. Die Beine vorläufig am Körper befestigen, den Körper ausstopfen, dann mit dem Hals fortfahren und diesen dabei Schritt für Schritt ausstopfen. Wenn der Körper fertig ist, die Position der Beine korrigieren und die Beinenden am Körper festnähen.*

Die Teile werden spiralförmig gearbeitet, ohne die Rundenübergänge mit Kettmaschen zu verbinden. Zur Orientierung das Rundenende stets mit einem Maschenmarkierer kennzeichnen und diesen jeweils versetzen. Anfang und Ende eines Farbstreifens treffen beim Häkeln in Runden nicht aufeinander und bei der Arbeit mit mehreren Farben ergibt sich eine sichtbare Naht. Dies lässt sich vermeiden, wenn man die Farbwechsel versetzt. Dabei aber trotzdem unbedingt die erste Masche einer Runde kennzeichnen!

Hinterbeine (2 x arbeiten)

Mit einem Fadenring in Fb A beginnen.

1. Rd (Außenseite): 1 Lm, 6 fM um den Ring = 6 fM.

2. Rd: Je 2 fM in jede fM der Vor-Rd = 12 fM.

3. Rd: 4 x [2 fM, 2 fM in die nächste fM], bei der letzten M zu B wechseln = 16 fM.

4. und 5. Rd: Mit fM arb, bei der letzten M der 5. Rd zu A wechseln = 15 fM.

6. Rd: 2 x [2 fM zus, 6 fM], bei der letzten M zu B wechseln = 14 fM.

7. Rd: fM arb, bei der letzten M zu A wechseln.

8. Rd: 2 x [2 fM zus, 5 fM] = 12 fM.

9. und 10. Rd: Mit fM arb.

11. Rd: 2 x [2 fM zus, 4 fM], bei der letzten M zu B wechseln = 10 fM.

12. Rd: fM arb, bei der letzten M zu A wechseln.

13. Rd: fM arb, bei der letzten M zu B wechseln.

14. und 15. Rd: Mit fM arb, bei der letzten M der 15. Rd zu A wechseln.

16.–18. Rd: fM arb, bei der letzten M der 18. Rd zu B wechseln.

19. Rd: 2 x [2 fM in die nächste M, 4 fM], bei der letzten M zu A wechseln = 12 fM.

20. und 21. Rd: fM arb, bei der letzten M der 21. Rd zu B wechseln.

22. und 23. Rd: fM arb.

24. Rd: 2 x [2 fM in die nächste M, 5 fM] = 14 fM.

HINWEIS: *Das Bein ausstopfen, bevor Sie weiter fortfahren.*

25. Rd: fM arb.

26. Rd: Je 2 fM zus, dabei nur in die hinteren M-Glieder einstechen = 7 fM.

27. Rd: 7 x [in die nächste fM einstechen, 1 U durchziehen], 1 U durch alle 8 Schlingen ziehen.

Beenden.

Vorderbeine (2 x arbeiten)

1. und 2. Rd: Wie für die Hinterbeine, bei der letzten M der 2. Rd zu B wechseln = 12 fM.

3. Rd: Wie die 3. Rd der Hinterbeine, bei der letzten M zu A wechseln = 16 fM.

4.–6. Rd: fM arb, bei der letzten M der 6. Rd zu B wechseln = 16 fM.

7.–30. Rd: Wie die 4.–27. Rd bei den Hinterbeinen.

Beenden.

Körper

1. und 2. Rd: Wie bei den Hinterbeinen = 12 fM.

3. Rd: 6 x [1 fM, 2 fM in die nächste fM] = 18 fM.

4. Rd: 6 x [2 fM, 2 fM in die nächste fM] = 24 fM.

5. Rd: 6 x [3 fM, 2 fM in die nächste fM] = 30 fM.

6. Rd: 6 x [4 fM, 2 fM in die nächste fM] = 36 fM.

7. Rd: 6 x [5 fM, 2 fM in die nächste fM] = 42 fM.

8. Rd: 6 x [6 fM, 2 fM in die nächste fM], bei der letzten M zu B wechseln = 48 fM.

9. Rd: 6 x [7 fM, 2 fM in die nächste fM], bei der letzten M zu A wechseln = 54 fM.

10. Rd: fM arb, bei der letzten M zu B wechseln.

11. Rd: 6 x [8 fM, 2 fM in die nächste fM] = 60 fM.

12. Rd: fM arb, bei der letzten M zu A wechseln.

13.–15. Rd: fM arb, bei der letzten M der 15. Rd zu B wechseln.

16. Rd: fM arb, bei der letzten M zu A wechseln.

17.–19. Rd: fM arb, bei der letzten M der 19. Rd zu B wechseln.

20. und 21. Rd: fM arb, bei der letzten M der 21. Rd zu A wechseln.

HALS

22. Rd: 22 fM, 4 x [2 fM zus, 7 fM], 2 fM zus = 55 fM.

23. Rd: 21 fM, 4 x [2 fM zus, 6 fM], 2 fM zus, bei der letzten M zu B wechseln = 50 fM.

24. Rd: 20 fM, 4 x [2 fM zus, 5 fM], 2 fM zus = 45 fM.

25. Rd: 19 fM, 4 x [2 fM zus, 4 fM], 2 fM zus = 40 fM.

26. Rd: 18 fM, 4 x [2 fM zus, 3 fM], 2 fM zus, bei der letzten M zu A wechseln = 35 fM.

27. Rd: 17 fM, 4 x [2 fM zus, 2 fM], 2 fM zus = 30 fM.

28. Rd: 16 fM, 4 x [2 fM zus, 1 fM], 2 fM zus = 25 fM.

HINWEIS: *Die Häkelnadel herausnehmen und zum Sichern der Schlinge einen Maschenmarkierer einhängen. Den Körper ausstopfen und die Beine mit Nähgarn annähen. Die Körperfüllung zum Vernähen der Fäden auf der Innenseite wieder herausnehmen. Dann neu ausstopfen, den Maschenmarkierer gegen die Häkelnadel tauschen und fortfahren.*

29. Rd: 5 x [2 fM zus, 3 fM], bei der letzten M zu B wechseln = 20 fM.

30. und 31. Rd: fM arb, bei der letzten M der 31. Rd zu A wechseln.

32.–34. Rd: fM arb, bei der letzten M der 34. Rd zu B wechseln.

35. Rd: fM arb, bei der letzten M zu A wechseln.

36. Rd: fM arb, bei der letzten M zu B wechseln.

37. Rd: fM arb, bei der letzten M zu A wechseln.

38. Rd: 2 x [2 fM zus, 8 fM], bei der letzten M zu B wechseln = 18 fM.

39. und 40. Rd: fM arb, bei der letzten M der 40. Rd zu A wechseln.

41.–43. Rd: fM arb, bei der letzten M der 43. Rd zu B wechseln.

44. Rd: fM arb, bei der letzten M zu A wechseln.

45. Rd: fM arb, bei der letzten M zu B wechseln.

46.–48. Rd: fM arb, bei der letzten M der 48. Rd zu A wechseln.

KOPF

49. Rd: 8 fM, je 2 fM in die nächsten 7 fM, 3 fM = 25 fM.

50. Rd: 10 fM, je 2 fM in die nächsten 7 fM, 8 fM, bei der letzten M zu B wechseln = 32 fM.

51. Rd: fM arb, bei der letzten M zu A wechseln.

52. Rd: 10 fM, 5 x [2 fM zus, 1 fM], 2 fM zus, 5 fM = 26 fM.

53. Rd: 10 fM, 4 x [2 fM zus, 1 fM], 4 fM = 22 fM.

54. Rd: fM arb.

55. Rd: 4 x [3 fM, 2 fM zus], 2 fM, bei der letzten M zu B wechseln = 18 fM.

56. Rd: fM arb.

57. Rd: 6 x [1 fM, 2 fM zus], bei der letzten M zu A wechseln = 12 fM.

58. Rd: 4 x [1 fM, 2 fM zus] = 8 fM.

59. Rd: Je 2 fM zus = 4 fM.

Beenden.

Ohren und Hörner (2 x arbeiten)

Mit einem Fadenring in Fb B beginnen.

1. Rd: 2 Lm, (3 hStb, 2 Stb, 1 DStb, 2 Lm, 1 DStb, 2 Stb, 2 hStb) um den Ring, 1 Km in die oberste Anfangs-Lm (= Ohr), mit 7 Lm wenden, 4 fM in die 2. Lm ab Nd, 5 Km (= Horn).

Beenden, Faden ca. 20 cm lang hängen lassen.

Nase

Mit einem Fadenring in Fb A beginnen. Die Nase wird spiralförmig gearbeitet, ohne die Rundenübergänge mit Kettmaschen zu verbinden.

1. Rd: 1 Lm, 6 fM um den Ring = 6 fM.

2. Rd: Je 2 fM in jede fM der Vor-Rd = 12 fM.

3. und 4. Rd: fM arb.

Beenden, Faden ca. 20 cm lang hängen lassen.

Fertigstellung

Mit dem hängenden Fadenende Ohren und Hörner auf den Kopf nähen.

Die Nase mit einer kleinen Öffnung zum Ausstopfen überwendlich ins Gesicht nähen (Überwendliche Naht, Seite 154). Die Nase ausstopfen und die Öffnung schließen. Fäden vernähen.

Mit einem Wollrest die Augen mit Knötchenstichen aufsticken (Anleitung gegenüber).

Für den Schwanz drei 20 cm lange Wollfäden in eine Wollnadel fädeln. Das Garn unter einer Masche am Hinterteil der Giraffe durchziehen und die Nadel entfernen. Die hängenden Fadenhälften sollen jeweils die gleiche Länge haben. Die Fäden zu einem 4 cm langen Zopf flechten. Den Zopf mit einem Knoten sichern und die Fadenenden zu einer kurzen Quaste schneiden.

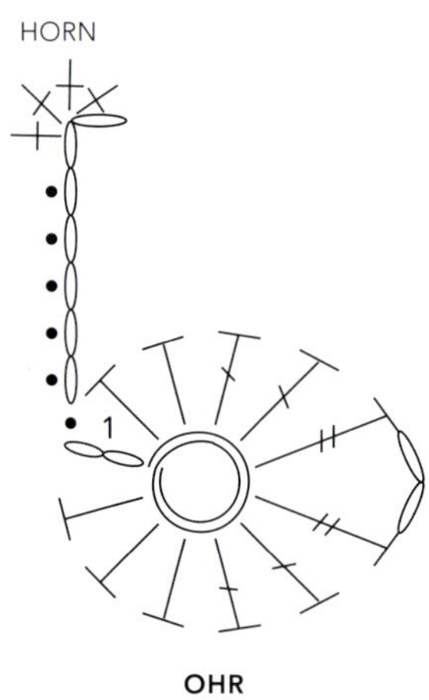

ZEICHENERKLÄRUNG

= Luftmasche (Lm)

= Kettmasche (Km)

= feste Masche (fM)

= halbes Stäbchen (hStb)

= Stäbchen (Stb)

= Doppelstäbchen (DStb)

= Fadenring

augen aufsticken mit knötchenstich

Für die aufgestickten Giraffenaugen Wollgarn in eine Sticknadel fädeln und einen Doppelknoten in das Fadenende knüpfen. Die Nadel zwischen zwei Maschen am Hinterkopf der Giraffe ein- und dort, wo das erste Auge sitzen soll, wieder ausstechen. Den Faden zweimal um die Nadelspitze wickeln und knapp neben der Ausstichstelle wieder einstechen. Den Faden durchziehen und dabei spannen. Dort, wo das zweite Auge sitzen soll, die Nadel erneut ausstechen, den Faden wieder zweimal um die Nadelspitze wickeln und den Vorgang wiederholen.

Zum Vernähen den Faden zum Hinterkopf der Giraffe durchstechen und zwischen zwei Maschen durchziehen. Den Faden straff anziehen, einen Doppelknoten knüpfen und den Faden abschneiden. Beide Knotenenden in die Füllung des Kopfes hineinschieben, dabei mit der Nadel nachhelfen.

TIPP Damit die Füllung nicht durch die Maschen dringt, die Füllwatte für alle Teile separat in abgeschnittene Feinstrumpfhosen füllen. Strumpfhüllen zubinden, Giraffenteile auspolstern und zuhäkeln.

ANHANG:
HÄKELTECHNIKEN

Grundlagen des Häkelns

Die meisten Häkelmodelle bestehen aus einer Kombination weniger Grundmaschen. Für Häkelanfänger können auch diese Maschen eine Herausforderung darstellen und es dauert eine Weile, bis man begriffen hat, wie die Maschen gebildet werden und wie man eine gleichmäßige Fadenspannung erzielt. Ich führe Sie Schritt für Schritt anhand von Bildern in alle Grundtechniken ein. Aber es ist auch hilfreich, sich das Häkeln von Freunden oder in einem Kurs zeigen zu lassen. Es macht die Sache einfacher, wenn jemand auf Fragen direkt antworten kann.

Gemeinsam mit dem Fachlektorat des Verlages war ich bemüht, dieses Buch genauso für Linkshänder wie für Rechtshänder zu schreiben. Aus Platzgründen zeigen die Zeichnungen auf den folgenden Seiten jedoch nur die Nadelhaltung mit der rechten Hand. Grundsätzlich ist es jeweils die „dominante Hand", mit der die Häkelnadel gehalten wird.

HANDHALTUNG

Man kann die Häkelnadel auf zweierlei Weise halten, den einen „richtigen" Weg gibt es nicht! Probieren Sie beide und entscheiden Sie, mit welcher Sie zurechtkommen.

Methode 1: Die Häkelnadel wird wie ein Messer gegriffen (unten), Daumen und Zeigefinger bewegen sie.

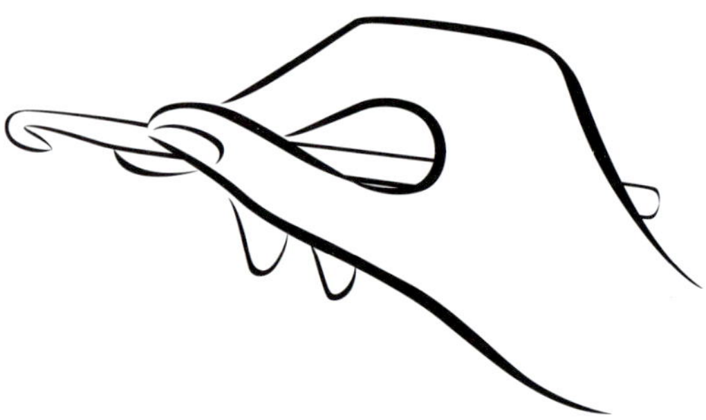

Methode 2: Die Häkelnadel wird wie ein Stift gehalten und von oben nach unten in die Maschen eingestochen.

DIE ANFANGSSCHLINGE

Einen Faden etwa 20 cm lang hängen lassen und um zwei Finger wickeln. Mit der Häkelnadel durch die Schlaufe stechen und von hinten den Knäuelfaden auffassen. Die Anfangsschlaufe von den Fingern gleiten lassen und an den Fadenenden die Schlinge auf der Nadel festziehen.

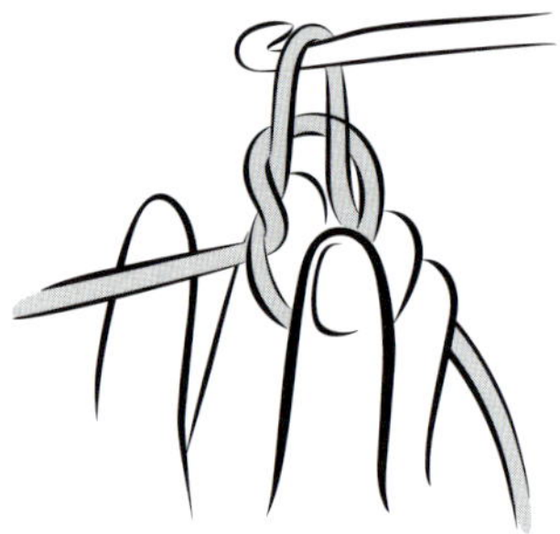

DAS GARN HALTEN

Mit der Anfangsschlinge (siehe oben) liegt eine erste Schlinge auf der Nadel. Die dominante Hand hält die Häkelnadel so, dass der Knäuelfaden vor der anderen Hand liegt. Nun die nicht dominante Hand mit Ausnahme des kleinen Fingers um den Faden schließen. Den kleinen Finger wie einen Haken um den Faden legen.

Die Faust öffnen und den von der Nadel kommenden Faden vor den kleinen und die beiden mittleren Finger, dann hinter und über den Zeigefinger legen. Daumen und Mittelfinger der nicht dominanten Hand greifen das untere Ende der Anfangsschlinge. Diese Handhaltung bleibt stets gleich. Die Fadenspannung wird über den Abstand zwischen Zeigefinger und Häkelnadel reguliert.

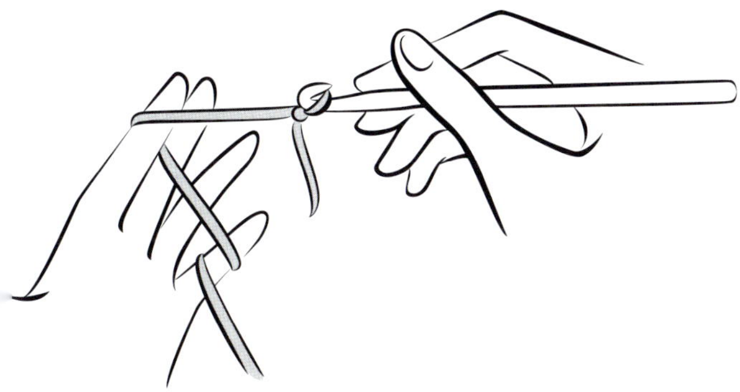

LUFTMASCHE (LM, ⬭)

Mit der Anfangsschlinge liegt bereits eine Schlinge auf der Nadel. Für eine Luftmasche wird die Nadel von vorn an das Garn angelegt. Mit einer Drehung das Garn um die Nadel wickeln. Dies nennt man einen „Umschlag" und spricht auch von „Faden holen" oder „auffassen". Die Luftmasche ist fertiggestellt, wenn der Haken den Umschlag durch die Schlinge auf der Nadel gezogen hat.

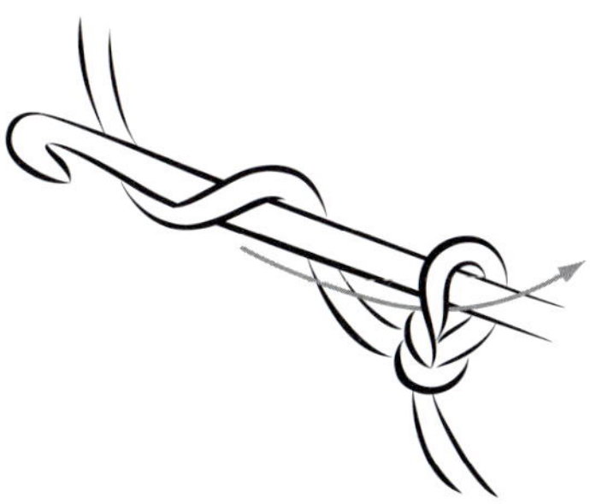

Für die nächste Luftmasche erneut den Faden holen und durch die Schlinge auf der Nadel ziehen. Dies so oft wiederholen, bis die verlangte Anzahl Luftmaschen angeschlagen ist.

Zum Zählen der Maschen die Luftmaschenkette nach unten ziehen. Die V-Form der Maschen lässt sich deutlich erkennen. Es zählen alle Maschen außer der Anfangsschlinge und der aktuellen Schlinge auf der Nadel. Auf der Zeichnung sieht man 5 Luftmaschen.

FESTE MASCHE (FM, +)

Die Nadel unter den beiden Maschengliedern des Vs in die 2. Luftmasche ab der Nadel einstechen. Einen Umschlag durch die Masche ziehen.

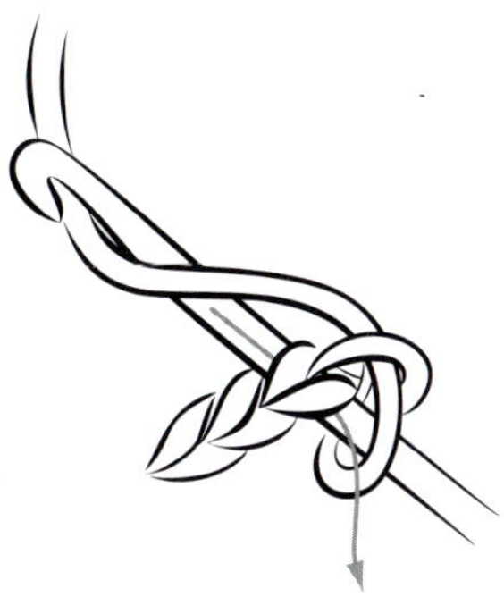

Es liegen nun 2 Schlingen auf der Nadel. Den Faden mit einem erneuten Umschlag durch beide Schlingen auf der Nadel ziehen.

HALBES STÄBCHEN (HSTB, T)

Mit einem Umschlag unter dem V der 3. Luftmasche ab Nadel einstechen (die übergangenen Luftmaschen zählen nicht als Masche). Den Faden greifen und durchziehen.

Es liegen 3 Schlingen auf der Nadel. Den Faden holen und in einem Zug durch alle 3 Schlingen ziehen.

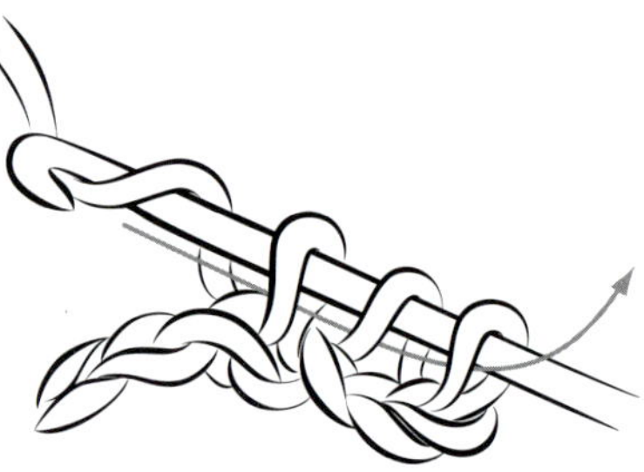

STÄBCHEN (STB, T)

Mit einem Umschlag unter dem V der 4. Luftmasche ab der Nadel einstechen (die 3 übergangenen Luftmaschen zählen als 1. Stäbchen). Einen Umschlag auffassen und durch die Schlinge auf der Nadel ziehen.

Es liegen 3 Schlingen auf der Nadel. Einen neuen Umschlag durch die ersten beiden Schlingen ziehen.

2 Schlingen bleiben übrig. Mit einem neuen Umschlag den Faden in einem Zug durch die letzten beiden Schlingen auf der Nadel ziehen.

DOPPELSTÄBCHEN (DSTB, ‡)

Das Garn 2-mal umschlagen, dann die Nadel unter dem V der 5. Luftmasche ab Nadel einstechen (die 4 übergangenen Luftmaschen zählen als 1. Doppelstäbchen). Einen neuen Umschlag holen und durch die Masche ziehen.

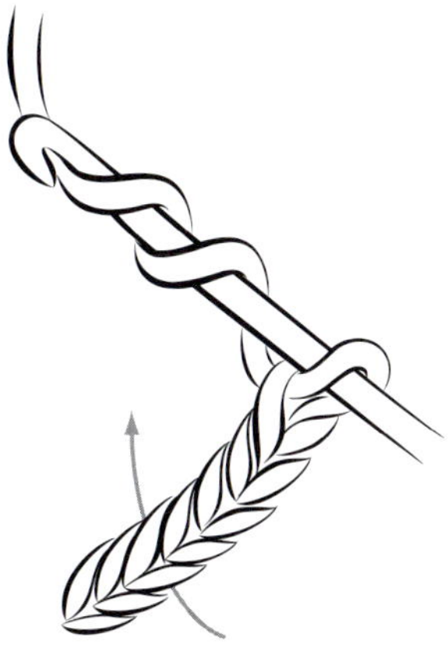

Es liegen 4 Schlingen auf der Nadel. Einen neuen Umschlag durch die ersten beiden Schlingen ziehen – es verbleiben 3 Schlingen. Noch einen Umschlag durch die nächsten beiden Schlingen ziehen – es verbleiben 2 Schlingen. Mit einem neuen Umschlag durch die letzten beiden Schlingen das Doppelstäbchen abschließen.

KETTMASCHE (KM, •)

Unter dem V der 2. Luftmasche ab der Nadel bzw. in die angegebene Masche einstechen. Den Faden holen und durch die Masche und die Schlinge auf der Nadel ziehen. Kettmaschen verwendet man am Rundenübergang oder um an eine andere Stelle der Häkelarbeit zu gelangen, ohne die Höhe der Häkelarbeit verändern zu wollen.

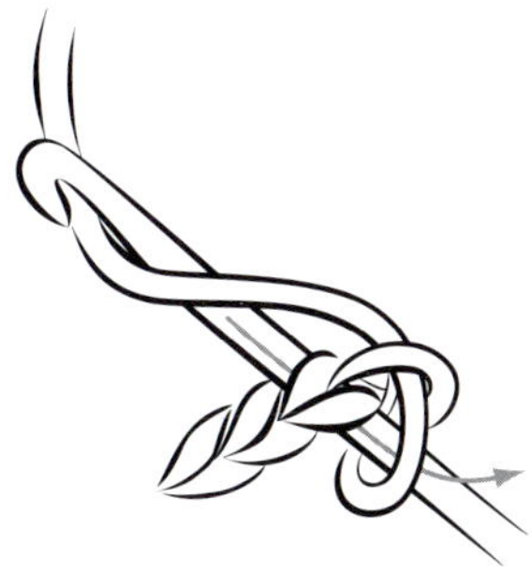

IN RUNDEN HÄKELN

Dies geht meist ohne Luftmaschenkette. Wenn nicht anders angegeben, wird immer auf der rechten Seite gearbeitet. Am Ende einer Runde wird nicht gewendet, sondern mit einer Kettmasche unmittelbar zur nächsten Runde übergegangen (siehe Seite 150).

Luftmaschenring

Ein Ring aus Luftmaschen ergibt einen festen Anschlag für die Arbeit in Runden. Dafür die angegebene Luftmaschenzahl anschlagen, dann die 1. und letzte Luftmasche mit einer Kettmasche verbinden. In der 1. Runde die Maschen um den Luftmaschenring herum-, statt in einzelne Luftmaschen hineinstechen, es sei denn, die Anleitung gibt etwas anderes vor. Am Ende der 1. Runde das lose Fadenende festziehen, bis sich die Mitte zu einem kleinen Loch schließt.

Fadenring (◎)

Eine andere Möglichkeit, um das Häkeln in Runden zu beginnen, ist der Fadenring. Dafür das Garn zum Ring legen, das Fadenende bleibt etwa 20 cm lang hängen und liegt hinter dem Knäuelfaden. Den Ring am Kreuzungspunkt halten. Von vorn in den Ring einstechen und ohne den Ring auszuweiten oder zuzuziehen, den Knäuelfaden durch den Ring holen. Mit einem erneuten Umschlag durch die geholte Schlinge erhält man eine 1. Luftmasche um den Ring. Die geforderte Anzahl Luftmaschen anschlagen und um den Ring arbeiten. Ist die 1. Runde fertig, kann der Fadenring am losen Ende zugezogen werden. Mit dieser Methode entsteht eine geschlossene Mitte. Der Fadenring ist jedoch nicht empfehlenswert für Decken und Kleidung, da er im Gegensatz zum Luftmaschenring bei häufigem Waschen aufgehen kann.

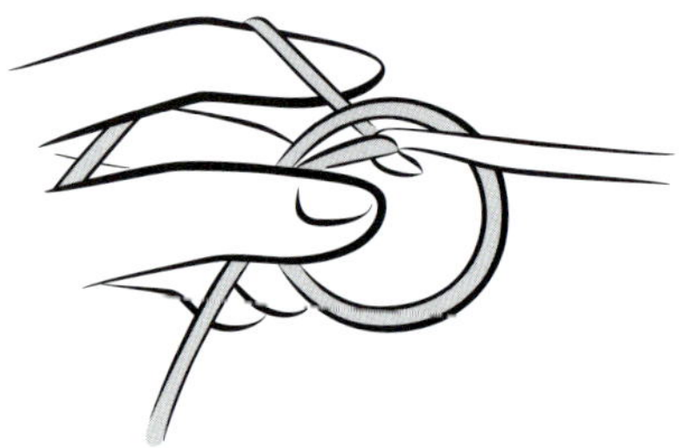

Runden verbinden

Um die 1. und letzte Masche einer Reihe oder einer Luftmaschenkette zur Runde zu verbinden, häkelt man eine Kettmasche in die 1. Masche. Die Arbeit NICHT wenden, bevor mit der nächsten Runde begonnen wird, es sei denn, die Anleitung verlangt etwas anderes (Kettmasche, siehe Seite 149).

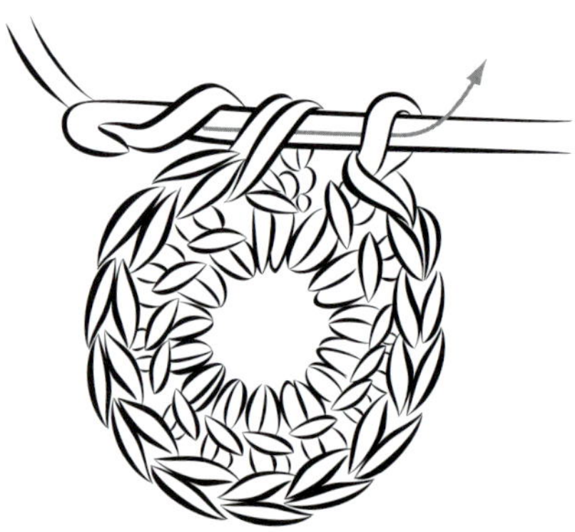

GARN- UND FARBWECHSEL

Für einen unauffälligen Übergang wird der letzte Umschlag der letzten Masche mit der neuen Farbe oder dem neuen Faden ausgeführt. Noch einmal Schritt für Schritt: Zum Neuanschlingen einer anderen Farbe oder eines anderen Garns in der Mitte einer Reihe die letzte Masche mit dem alten Garn so weit fertigstellen, bis nur noch der letzte Umschlag fehlt. Für diesen Umschlag das neue Garn auffassen (Fadenende 20 cm lang hängen lassen) und die Masche fertigstellen. Weiter geht's mit dem neuen Garn.

ZUNEHMEN

Sollen mehr Maschen dazukommen, braucht man nur 2 Maschen in eine zu häkeln. In den Anleitungen dieses Buchs wird aber nicht von „zunehmen" gesprochen, sondern exakt angegeben, wie viele Maschen in eine Einstichstelle gearbeitet werden. So heißt es z. B.: **10 Stb, <u>2 Stb in das nächste Stb</u>**. Die unterstrichene Stelle steht für eine Zunahme.

ABNEHMEN

Soll die Maschenzahl verringert werden, einfach mehrere Maschen zusammenhäkeln. Dafür die 1. Masche fertigstellen bis zum letzten Umschlag, dann zur nächsten Masche übergehen und auch diese Masche bis auf den letzten Umschlag fertigstellen (3 Schlingen auf der Nadel). Die Zeichnung zeigt, wie dies bei Stäbchen aussehen würde.

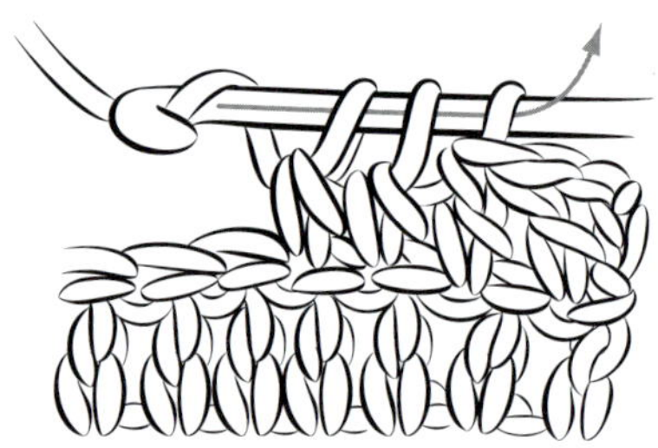

Die Abnahme erfolgt mit dem letzten Umschlag, der in einem Zug durch alle verbleibenden Schlingen auf der Nadel gezogen wird. Man sagt: „Die Stäbchen werden zusammen abgemascht."

Siehe dazu auch 2 fM zus, 2 hStb zus, 2 Stb zus, 3 Stb zus (unten).

BEENDEN

Wenn die letzte Masche der Arbeit gehäkelt ist, soll sich nichts mehr auflösen können. Dafür wird das Arbeitsgarn abgeschnitten und durch die letzte Schlinge auf der Nadel gezogen. Den Faden besser länger als zu kurz abschneiden!

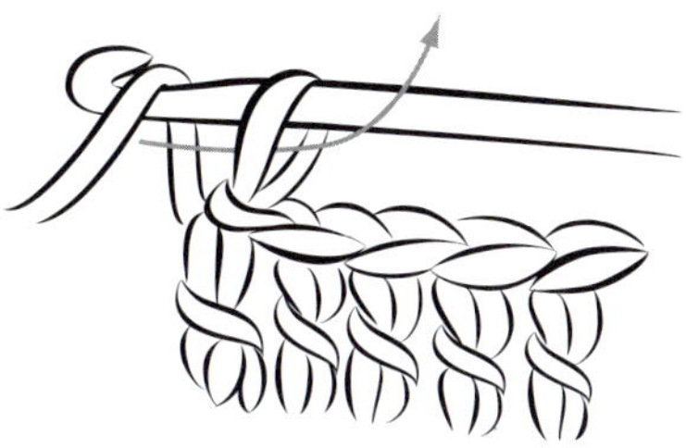

Sondermaschen

Im Buch werden Ihnen auch Maschen begegnen, die über die Grundmaschen hinausgehen. Hier sind sie mit ihren Symbolen erklärt.

2 FESTE MASCHEN ZUSAMMEN ABMASCHEN BZW. ZUSAMMENHÄKELN (2 FM ZUS,)

2 x (in die nächste Masche einstechen, Faden holen), 1 Umschlag machen und in einem Zug durch alle 3 Schlingen auf der Nadel ziehen.

2 HALBE STÄBCHEN ZUSAMMEN ABMASCHEN (2 HSTB ZUS,)

2 x (mit 1 Umschlag in die nächste Masche einstechen, Faden holen), 1 Umschlag machen und durch alle 5 Schlingen auf der Nadel ziehen.

2 STÄBCHEN ZUSAMMEN ABMASCHEN (2 STB ZUS,)

2 x (mit 1 Umschlag in die nächste Masche einstechen, 1 Umschlag durchholen und als Schlinge auf der Nadel lassen, mit 1 Umschlag den Faden durch 2 Schlingen auf der Nadel ziehen), mit 1 Umschlag den Faden durch die restlichen 3 Schlingen auf der Nadel ziehen.

3 STÄBCHEN ZUSAMMEN ABMASCHEN (3 STB ZUS,)

Die Arbeitsschritte in der Klammer wie bei „2 Stb zus" arbeiten, allerdings 3 x wiederholen, dann mit 1 Umschlag den Faden durch die 4 Schlingen auf der Nadel ziehen.

ANSCHLAG MIT STÄBCHENKETTE (STB-KETTE,)

Hier ist der Anschlag gleichzeitig die 1. Maschenreihe. Im Vergleich mit dem üblichen Luftmaschenanschlag wird der Rand wesentlich elastischer.

Mit 3 Luftmaschen beginnen. 1 Umschlag, dann die Nadel wie gezeigt in den hinteren Steg der 3. Luftmasche ab der Nadel einstechen, Faden holen. Es liegen 3 Schlingen auf der Nadel.

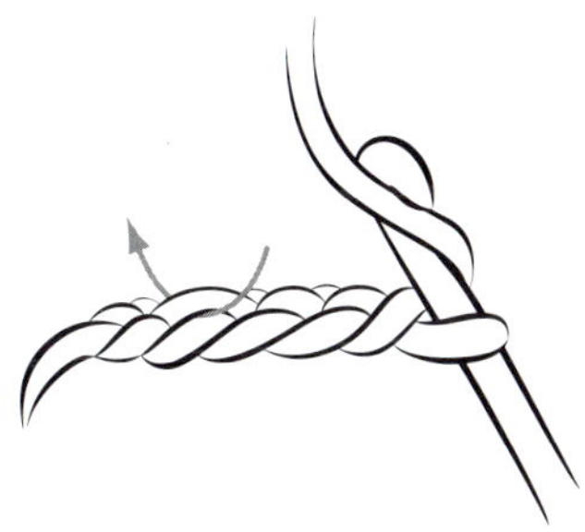

Faden holen und durch die 1. Schlinge auf der Nadel ziehen (= 1 Luftmasche). 3 Schlingen verbleiben auf der Nadel. 2 x (den Faden holen und durch 2 Schlingen ziehen), um damit das Stäbchen wie üblich abzuschließen.

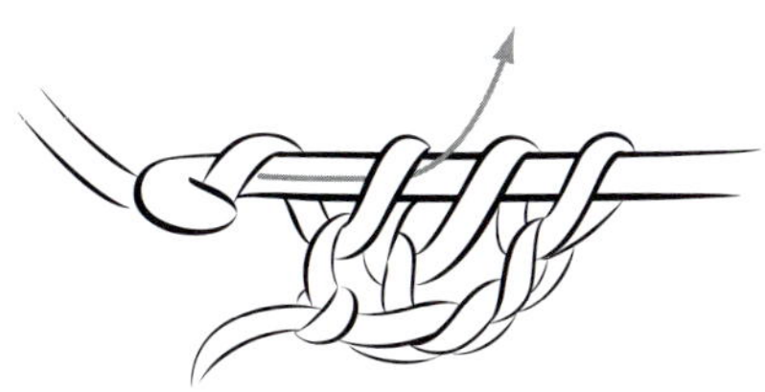

Für das nächste Stäbchen 1 Umschlag auffassen und in die zuletzt gearbeitete Luftmasche stechen (siehe Pfeil unten, die Zeichnung zeigt eine Kette von 4 vollständigen Stäbchen). Umschlag durchholen, erneuten Umschlag auffassen und durch die Luftmasche ziehen, dann das Stäbchen wie üblich zu Ende häkeln. So oft wiederholen wie angegeben.

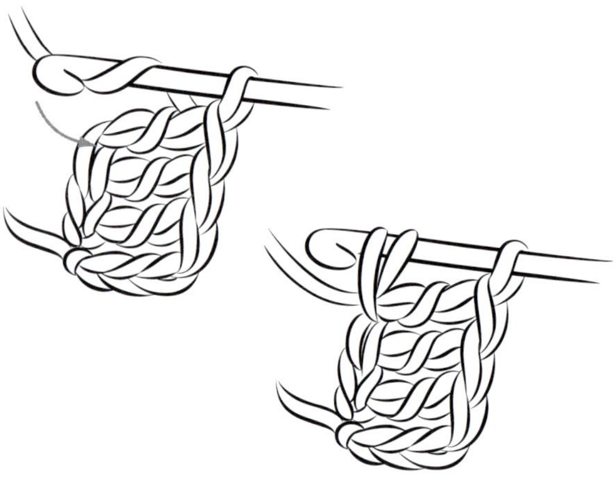

RELIEFSTÄBCHEN (RSTBV UND RSTBH,)

Mit Reliefstäbchen wird die Häkelarbeit noch plastischer. Die Maschen werden nicht in die oberen Maschenglieder der zuvor gehäkelten Maschen, sondern **um den „Stiel"** gearbeitet.

Reliefstäbchen von vorn (RStbv): Die Nadel von vorn um den „Stiel" der nächsten Masche herumstechen wie unten gezeigt. Vorn 1 Umschlag auffassen und vollständig um den „Stiel" herumholen; es liegen 3 Schlingen auf der Nadel. 2 x (den Faden holen und durch 2 Schlingen auf der Nadel ziehen) wie beim üblichen Stäbchen.

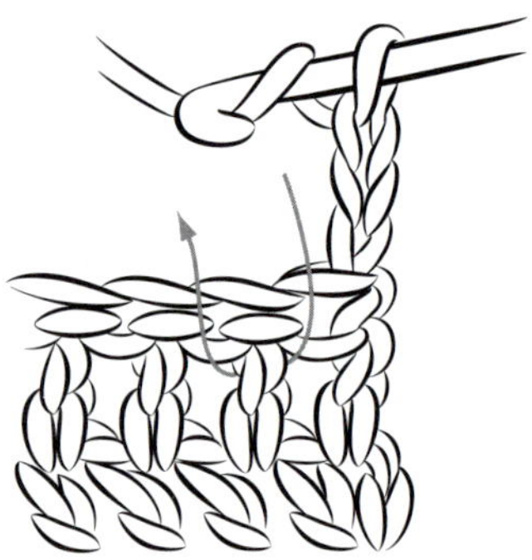

Reliefstäbchen von hinten (RStbh): Die Nadel von hinten um den „Stiel" der nächsten Masche herumstechen wie unten gezeigt. Hinten 1 Umschlag auffassen und vollständig um den „Stiel" herumholen; es liegen 3 Schlingen auf der Nadel. 2 x (den Faden holen und durch 2 Schlingen auf der Nadel ziehen) wie beim üblichen Stäbchen.

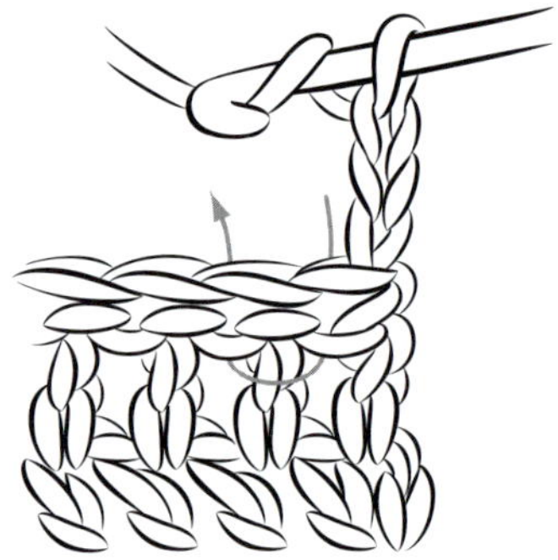

Fertigstellung

Der Schlüssel zu einem Top-Häkelergebnis liegt in der Fertigstellung. Sorgfalt zahlt sich aus, also bloß nicht hetzen lassen! Wenn eine Naht nicht gut aussieht, die letzten Stiche auftrennen und noch einmal versuchen!

FÄDEN VERNÄHEN

Die Enden gleich beim Häkeln einzuarbeiten, ist das Einfachste. Dafür das Fadenende oben auf der vorigen Reihe mitlaufen lassen und die neuen Maschen darüberhäkeln (den Faden dabei umschließen). Am besten umhäkeln Sie nur eine Hälfte des Fadens und lassen den Rest hängen. Beim Fertigstellen der Arbeit die andere Hälfte des Fadens mit der Wollnadel in entgegengesetzter Richtung und noch einmal zurück einweben.

Besonders wichtig ist das mehrmalige Hin- und Herweben an Stücken, die oft gewaschen und weitervererbt werden.

SPANNEN

Wie das geht, wissen nur wenige, dabei ist es ganz einfach und bringt erst die ganze Schönheit einer Häkelarbeit zutage: Alle Unebenheiten werden ausgeglichen, filigrane Lochmuster wie bei der Sonnenscheindecke (Seite 44) und der Schmusedecke (Seite 36) kommen richtig zum Vorschein und die Teile erhalten vor dem Zusammennähen ihre richtige Form (wichtig bei allen Kleidungsstücken oder der Würfeldecke, Seite 30).

Meine Lieblingsmethode geht so: Man benötigt ein großes Handtuch, T-Nadeln und eine Sprühflasche mit kaltem Wasser. Die Teile auf dem Handtuch oder einer anderen Unterlage nebeneinander auslegen und so mit Wasser besprühen, dass sie nicht nass, aber durchfeuchtet sind. Vorsichtig alle Teile auf die Endmaße, die am Anfang jeder Anleitung angegeben sind, zurechtziehen und mit T-Nadeln feststecken. Über Nacht trocknen lassen.

AUFHÄKELN

Um eine Applikation (siehe Kisseneule, Seite 130) oder Tasche (siehe Kuscheljacke, Seite 72) auf dekorative Art an einem anderen Häkelstück anzubringen, häkelt man beide Stücke mit Kettmaschen aufeinander. Wenn das aufzusetzende Stück nicht bereits über einen einheitlichen Maschenrand verfügt, wird der Rand zuerst mit festen Maschen umhäkelt, was die Kante hübsch betont.

Anschließend beide Teile zusammenstecken. Unter den Vs einer Randmasche des oberen Teils und durch das untere einstechen. Den auf der Rückseite liegenden Faden durch beide Lagen nach vorn holen (das Garnende auf der Rückseite lang hängen lassen). *In die nächste Masche und durch beide Lagen einstechen, Faden durchholen und durch die Schlinge auf der Nadel ziehen (= 1 Kettmasche). Ab * fortlaufend wiederholen.

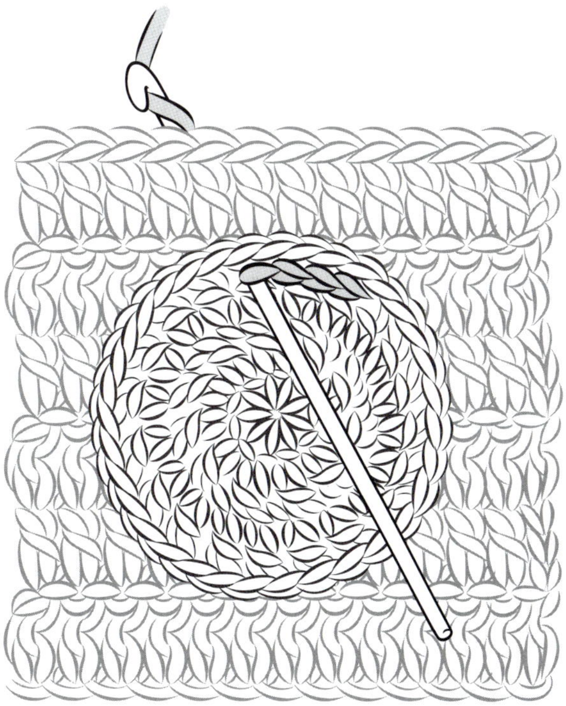

TEILE ZUSAMMENHÄKELN

Für Decken und dicke Kleidung bietet sich ein Zusammenhäkeln mit Kettmaschen an. Eine solche Naht fügt sich anders als eine genähte völlig ins Häkelbild ein. Auf der Rückseite der Arbeit entsteht zwar eine schmale Querrippe, ein großer Vorteil ist aber, dass man die Naht, wenn etwas nicht stimmt, schnell wieder auftrennen kann. Die Methode eignet sich gut zum Zusammenfügen von Blöcken (siehe Würfeldecke, Seite 30).

Die Teile rechts auf rechts legen. An einer Ecke (der rechten bei Rechtshändern, der linken bei Linkshändern) die Nadel unter den Vs einer Masche (bzw. beim Zusammenfügen von Seitennähten in die Reihenenden) des vorderen und hinteren Teils einstechen. Den Faden auf der Rückseite hängen lassen und einen Umschlag durch beide Lagen nach vorn ziehen. Erneut durch beide Lagen stechen und mit einem Umschlag den Faden durch beide Lagen sowie die Schlinge auf der Nadel ziehen. Die Kettmaschenreihe bis zum Ende der Naht fortsetzen.

ÜBERWENDLICHE NAHT

Wenn Sie eine feste Verbindung herstellen wollen, die wenig aufträgt, oder wenn Sie unregelmäßige Formen verbinden möchten, sollten Sie eine überwendliche Naht arbeiten. Sie erscheint auf der rechten Seite der Arbeit, sieht aber schön aus, wenn Sie ein Garn wählen, das farblich zu den Teilen passt, die verbunden werden sollen.

Die beiden Teile rechts auf rechts legen. Das Häkelgarn in eine Wollnadel fädeln und von vorn nach hinten durch eine Masche (oder bei Seitenrändern in die Reihenenden) beider Lagen stechen. Den Faden ca. 20 cm lang hängen lassen. Dann den Faden über den Außenrand zurück nach vorn führen und erneut von vorn nach hinten durch die nächsten Maschen stechen usw. Zum Schluss die Fadenenden vernähen.

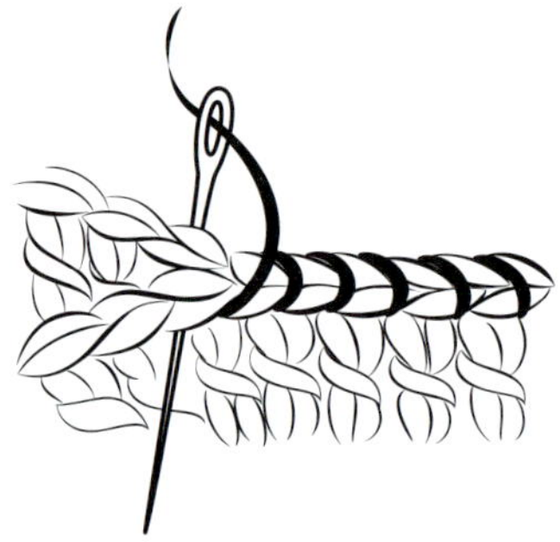

MATRATZEN- ODER LEITERSTICH

Die ist meine Lieblingsmethode, um einzelne Teile von gehäkelten Kleidungsstücken zu verbinden, denn die Naht trägt auf keiner Seite auf und ist, wenn sie mit passendem Garn gearbeitet wird, kaum zu sehen. Mit ein wenig Geduld und Übung ist sie leicht zu meistern.

Die Teile mit den rechten Seiten nach oben bündig nebeneinanderlegen. Garn in eine stumpfe Sticknadel fädeln, das Ende lang hängen lassen und in einer unteren Ecke beginnend von unten nach oben den Querfaden zuerst des linken, dann des rechten Teils auffassen und immer zwischen zwei parallel liegenden Querfäden hin- und hernähen. Nach ein paar Stichen (es zeigt sich die leiterförmige Naht) den Faden anziehen, damit die Teile dicht aneinanderrücken.

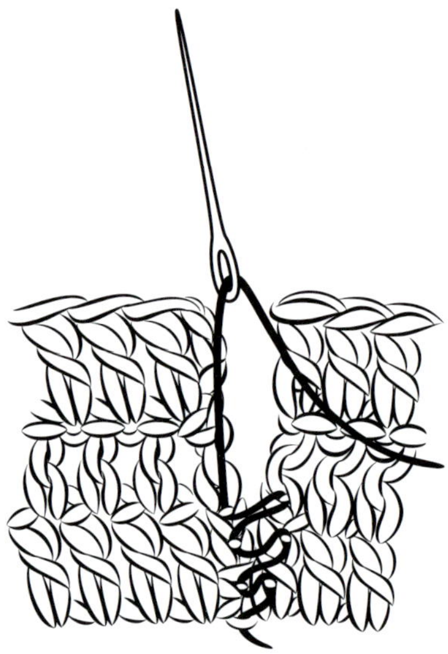

Bezugsquellen

Die meisten Materialien für die Projekte in diesem Buch sind in Woll- oder Handarbeitsgeschäften zu bekommen. Sollten Sie keinen Händler in Ihrer Nähe haben, besteht die Möglichkeit, die Hersteller direkt zu kontaktieren.

Garn

In der nachfolgenden Liste sind die Hersteller und Internetvertriebe der Garne aufgeführt, die für dieses Buch verarbeitet wurden. Obwohl die meisten Garne über das Internet zu beziehen sind, kann nicht oft genug betont werden, wie wichtig es ist, die Garne zu sehen und anzufassen. Schauen Sie deshalb zuerst einmal in Ihrem Wollgeschäft vorbei. Dort kann man Ihnen auch Alternativen empfehlen, wenn ein Garn nicht mehr lieferbar sein sollte. Kaufen Sie immer ausreichend Garn aus der gleichen Farbpartie (angegeben auf der Banderole)!

Berroco
www.berroco.com

Blue Moon Fiber Arts
www.bluemoonfiberarts.com

Brown Sheep Company, Inc.
www.brownsheep.com

Caron International
www.caron.com

Cascade Yarns
www.mylys.de/shop
www.wollbox.de

Coats and Clark
(Hersteller von Red Heart Yarns)
www.coatsandclark.com

Classic Elite Yarns
www.classiceliteyarns.com

Debbie Bliss
www.handmadeberlin.com
www.strickpunkt.de

DMC Corporation
(Vertrieb von DMC-Stickgarnen)
www.dmc-usa.com

Fiesta Yarns
www.fiestayarns.com

Knit Picks
www.knitpicks.com

Lana Grossa
www.tollewolle.de

Lion Brand Yarn Co.
www.lionbrand.com

Lorna's Laces
www.jules-wollshop.de

Mountain Colors
www.mountaincolors.com

Noro
www.tollewolle.de

Tahki Stacy Charles, Inc.
www.tahkistacycharles.com

Danksagung

Dieses Buch war eine freudige, wenn auch schwere Geburt, die ich ohne Hilfe nicht hätte bewältigen können. Für die Realsierung möchte ich mich bei meiner Agentin Stacey Glick bedanken sowie bei Betty Wong, Rebecca Behan, Chi Ling Moy, Jessica Reich und dem Rest der Crew bei Potter Craft. Ein großes Dankeschön geht auch an die entzückenden kleinen Models, an Heather Weston für die wunderbaren Fotos und an Lana Lê für die Buchgestaltung. Ich wäre verloren gewesen ohne die sachkundige Unterstützung meiner Fachlektoren: Mein Dank geht an Kj Hay für die sorgfältige Überprüfung jeder einzelnen Masche und die geduldige Beantwortung all meiner Fragen sowie an Karen Manthey, die alle Häkelschriften erarbeitet hat, wodurch es so viel einfacher wird, die Anleitungen zu verstehen.

Außerdem möchte ich mich für die großzügigen Garnspenden bedanken bei: Berocco, Blue Moon Fiber Arts, Brown Sheep Company, Caron, Cascade Yarns, Coats and Clark, Fiesta Yarns, Knit Picks, Knitting Fever, Lorna's Laces, Mountain Colors, Muench, Nashua Handknits und Tahki Stacy Charles. Dank auch an Tanis Gray für die Kontaktvermittlung!

Barbara French und den Häkel- und Strickdamen aus dem Bozeman Yarn Shop verdanke ich die Erkenntnis, was für eine wunderbare Gemeinschaft in einem Wollladen entstehen kann. Ich schätze mich sehr glücklich, mit Tammy Rabideau von Yarnivore San Antonio arbeiten zu dürfen, die mir beim Zusammennähen des Rippenjäckchens geholfen hat und mein Häkelzubehör immer wieder aufstockt. Dank auch an meine Kunden und Schüler, die mir ständig vor Augen führen, warum ich tue, was ich tue!

Von Herzen danke ich meiner Freundin und Koautorin Susan Beal für ihre Unterstützung, meiner Schwester Ann McNair (Mutter eines zuckersüßen Kindes, an dessen Aufwachsen ich teilhaben darf!), die mir immer zuhört, und Paul Heaston, meinem besten Freund, der mich wieder und wieder angefeuert hat.

Last but not least danke ich allen, die meinen Blog lesen, meine Designs anschauen, meine Kurse besuchen und meine Bücher kaufen: **danke!**

register

Hinweis: *Kursiv* gesetzte Seitenzahlen verweisen auf Projekte.

Wie die Mutter, so die Tochter

128 Seiten, mit vielen Farbfotos
ISBN 978-3-8094-3171-8

Für kleine und große Ladys hält dieses Buch 20 traumhafte Strickmodelle im Partnerlook bereit: lässige Pullover, elegante Jacken und schicke Westen, die von oben nach unten gestrickt werden und die Sie dank der genauen Anleitungen und Strickschriften problemlos nacharbeiten können. Damit dem Partnervergnügen auf längere Sicht nichts im Wege steht, ist jedes Modell in verschiedenen Größen angegeben: für Babys von 3 bis 24 Monaten, für Kinder von 4 bis 10 Jahren und für Mütter von Größe XS bis XXL.

Erhältlich, wo es Bücher gibt!

Bassermann
www.bassermann-verlag.de